取締役の

岡芹健夫
［弁護士法人
髙井・岡芹法律事務所
代表弁護士］
Okazeri Takeo

教科書

これだけは知っておきたい法律知識

第**2**版

第2版　はしがき

　本書の第1版が2013（平成25）年に刊行されてから、すでに10年の年月が経とうとしている。

　この間、残念ながら、わが国の経済の沈滞、特に国際的競争力の減退の傾向は変わるところはないが、法令等の改正は繰り返し行われ、ことに2014（平成26）年および2019（令和元）年には大幅な会社法改正が行われた。

　会社法改正のみならず、法改正一般についていえるのだが、その目的は、社会情勢の変化に法制度を合わせることにある。近年、社会情勢の変化は、ますますそのスピードを上げつつある。その根底にあるのは、一に技術の進歩であり、次いでそれによる価値観および社会的常識の変化であるが、この「進歩」と「変化」とは時間差をおいて発現する。つまり、法制度の基本である社会的常識が変化する際には、すでに、次の変化の芽は生じているといっても過言ではない。

　こうしたなかで、遅ればせながら、このたび、第2版を刊行した。この間も、先述のとおり時代は加速度的に進みつつあるが、とりあえず、現段階における法制度に合わせた内容には仕上がっていると考えている。

　第2版は、経団連出版の高橋清乃氏、事務所の後輩である江本磨依弁護士に多大なご支援をいただき、ようやく完成した。ここに、厚く御礼申し上げる次第である。

2023（令和5）年4月
弁護士法人髙井・岡芹法律事務所
代表社員弁護士
岡芹健夫

第1版　はしがき

　会社の企業活動とは、いうまでもなく収益を追求するものである。しかし、戦後からバブル時代（昭和末期〜平成初頭）までのように、経済が右肩上がりで、市場規模も拡大する傾向にある時代環境では、企業としては特に他に先んじた施策を行わなくても、自然に企業も拡大し収益も上げることができるであろうが、現在のようなゼロ成長、少子高齢化による国内市場縮小の時代において、なお、会社が収益を追求するには、他社より優れた施策が必要となる。換言すれば、「何もしないリスク」が現実のものとなっているのである。

　このような経済の環境下、会社の経営方針を決定する取締役は、これまでの時代以上に、「適法」であることはもちろん、時代と市場の動向を的確に見通したうえでの「適切」な経営判断を行うことが求められる。しかるに、わが国は、会社法の構造こそ経営専門家たる取締役の知見による判断、協議、決定により企業を運営していく形のものとなっているが、その内実を見ると、多くの取締役は、当該会社に長年奉職した後に社内キャリアの到達点として就任するか、仮に社外から招聘されるとしても、オーナー社長の人的つながりをもとに就任する者が多数を占めている。

　このような取締役の人的構成は、わが国固有の、企業ひいては社会文化によるものであって、その当否を論じても仕方がないが、取締役に就任する者は、会社法上、会社に対する善管注意義務を負い、不適切な判断を行えば、損害賠償責任を負うこととなる。しかも、経営判断の原則のもと、ある程度の幅で経営判断につき裁量を有するものの、しばしばその損害賠償額は大きな額となる。近時、会社役員等賠償責任保険という、上記の損害賠償額を保障する保険が広がりを見せているが、それは、取締役の損害賠償義務の危険性が

社会的に認知されてきているということでもある。また、会社からは損害賠償義務の履行を求められなくとも、株主からの株主代表訴訟、さらには会社債権者等の第三者による責任追及など、取締役は、多方面の利害関係者からの責任追及の可能性にさらされているといわざるをえない。

　本書は、そのような、社会的地位もあり権限もある取締役について、取締役の地位・権限およびその裏返しである責任（リスク）につき、極力具体的かつ平易に説明を試みたものである。なお、説明においては、法律書でもあるので、できるだけまずは条文およびその解釈、次いで裁判例に沿うことをめざした。ただ、会社の取締役の行動はきわめて広汎にわたるものであるため、筆者の実務経験によるところも少なからず存するが、それなりの知見をもって見解を展開しているところである。

　この一冊が、取締役として会社経営に携わっている方々の考慮の助けとなり、ひいては、会社経営の発展、わが国の経済の回復に資すれば、望外の喜びである。

　最後に、本書は、筆者所属の法律事務所の後輩たる、秋月良子、村田浩一、渡辺雪彦、帯刀康一、大村剛史の諸弁護士、および積水ハウス株式会社常任監査役の久保田芳郎様、株式会社UBIC法務室室長の丸茂雅一様、ならびに経団連出版の高橋清乃氏に多大なるご尽力をいただきつつ、ようやく刊行にこぎ着けたところである。末筆ながら、心より深謝申しあげる。

平成25年3月
髙井・岡芹法律事務所
所長弁護士
岡芹健夫

III
会社に対する取締役の責任

IV
第三者に対する取締役の責任

V
損害賠償以外の取締役の責任

装幀◆日下充典

取締役の地位と職責

1 取締役の立場

1◆なぜ「取締役」が設けられたのか

　取締役とは、会社法に規定されている会社の機関のひとつである。本来、株式会社の場合、その会社の基本的・根本的な事項は会社の所有者である株主により構成される株主総会で決定されるが[会社法295条1項]、会社の日常的な業務について逐一そのような手続きを踏ませるのでは機動的、効率的な企業運営は不可能なことから、株主総会により決定されるべき基本的・根本的事項以外の事項を決定し執行させるために、会社法は取締役という機関を設けている。すべての株式会社は、株主総会と取締役という機関を有しており、取締役は株主総会により選任される[会社法329条1項]。

2◆取締役会の設置

　取締役会とは、取締役の全員をもって構成され、会社の日常的な企業活動につき決定する権限を有している[会社法362条]。あらゆる会社に設置されている機関ではないが、公開会社[*1]、監査役会設置会社[会社法2条10号]、監査等委員会設置会社[会社法2条11号の2。2014(平成26)年の会社法改正で創設]、指名委員会等設置会社[会社法2条12号][*2]においては、取締役会を置かなければならないとされているので[会社法327条1項]、一定規模以上の会社になると、取締役会が設置されているのが一般である。

1＊公開会社とは、その会社が発行する全部または一部の株式の内容として定款による譲渡制限が設けられていない会社のことをいう[会社法2条5号]。

従業員と取締役の違い

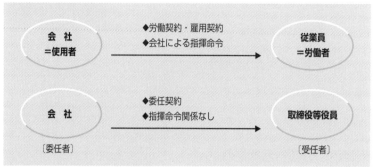

取締役の立場（所有と経営の分離）

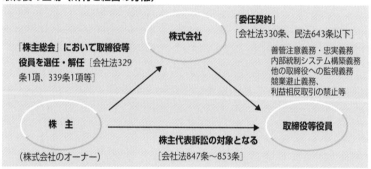

3◆取締役の立場と権限

　取締役会が設置されている会社（取締役会設置会社[会社法2条7号]）と、それ以外の会社（取締役会非設置会社）とでは、取締役の立場は相当に異なる。ここでは、委員会型ではない会社の場合と委員会型の会社のうち指名委員会等設置会社[会社法2条12号]の場合とに分けて簡単に説明する。

2＊指名委員会等設置会社とは、経営の合理化と適正化をめざして2003（平成15）年4月施行の商法特例法改正により創設された制度であり（当初の名称は委員会設置会社）、日本における株式会社の内部組織形態に基づく分類のひとつである。取締役会のなかに指名委員会、監査委員会および報酬委員会を設置し、取締役会が経営を監督する一方、業務執行については執行役（執行役員とは異なる）に大幅に委ねる等、迅速な経営決定を可能とすることで、執行役の業務執行と取締役会による業務執行の監督が区別された。この改正法により取締役会の権限が大きく変更され、会社法に引き継がれた。

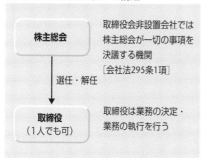

「取締役会非設置会社」の構造

株主総会	取締役会非設置会社では株主総会が一切の事項を決議する機関[会社法295条1項]
↓ 選任・解任	
取締役（1人でも可）	取締役は業務の決定・業務の執行を行う

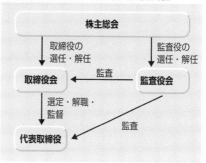

取締役会設置会社／監査役会設置会社

1◆委員会型ではない会社の場合

　この場合、取締役会設置会社においては、取締役会が会社の業務執行の意思決定を行い[会社法362条2項1号]、取締役はその取締役会の構成員となる[会社法362条1項]。会社にとって重要な一定の事項はたとえ定款で定めても、取締役会は、取締役にその決定は委任できないことから[会社法362条4項]、取締役は、会社法362条4項に定める次の事項については決定権を有する余地はない。

◆重要な財産の処分および譲受け[会社法362条4項1号]
◆多額の借財[会社法362条4項2号]
◆支配人その他の重要な使用人の選任および解任[会社法362条4項3号]
◆支店その他の重要な組織の設置、変更および廃止[会社法362条4項4号]　等

　上の各号にいう「重要」「多額」とは、当該会社の規模、業種によって異なる（たとえば、同じ1億円の土地の譲受けでも、会社法上、企業、事業の規模により「重要」さは異なる）[最判平6.1.20判例時報1489号155頁]。
　さらに法令は、代表取締役の選定・解職等、多くの事項を取締役会の決定事項としている[会社法362条2項3号、364条、365条、356条1項等]。ただし、会社を代表する代表取締役等が会社の業務を執行するとされており[会社法363条1項]、代表取締役以外の個々の取締役は、会社を代表する権限はもたない。

一方、委員会型ではない会社の場合でも、取締役会非設置会社では、定款に別段の定めがない場合には、各取締役が業務を執行し[会社法348条1項]、また取締役が2名以上いるときでも、これも定款に別段の定めがある場合を除き、取締役の過半数をもって業務執行の意思決定を行うこととなる[会社法348条2項]。個々の取締役は、会社を代表する権限も有しており[会社法349条1項本文]、取締役が2名以上であってもこれは変わらない[同条2項]。もっとも、代表取締役を選任した場合は個々の取締役は代表権を有さず[会社法349条1項但書]、その代表取締役は、定款、定款の定めに基づく取締役の互選、株主総会の決議によって取締役のなかから選ばれるものとされている[会社法349条3項]。

2◆指名委員会等設置会社の場合

　委員会型ではない会社では、取締役の選任・解任に関する議案は取締役会によって決定されるが[会社法329条1項]、指名委員会等設置会社の場合は指名委員会によって決定される[会社法404条1項]。取締役の任期も、指名委員会等設置会社以外では原則2年だが[会社法332条1項]、指名委員会等設置会社では1年とされている[会社法332条6項]。

　加えて取締役は会社の業務を執行できないため[会社法415条]、代表取締役等が選定されることはない[*3]。またわが国では、取締役が従業員の地位を兼ねる現象が多々みられるが（使用人兼務取締役[本書7参照]）、指名委員会等設置会社では、このような兼任は禁止される[会社法331条4項]。

　これらは、指名委員会等設置会社では、業務執行にあたる執行役[会社法402条2項]に対する取締役会の監督機能を強化すべく、取締役と業務執行者との区別をはっきり分けることが目的とされているからである。

3◆取締役の責任とリスク

　取締役の立場と権限は上記のとおりだが、従業員として就業していた者が取締役に就任するに至った場合は、それまでとは違った責任とリスク[本書3参照]を負うことに特に注意しなければならない。その意味で、単に会社の短

3＊同様の趣旨で、業務担当の役付役員（専務取締役、常務取締役）等も選任されることがない。

期的な利害のみに盲従した職務遂行は、会社を傷つけるばかりか、自分自身にも害をなす危険が高いことに、重々留意する必要がある。

株式会社の機関設計の種別

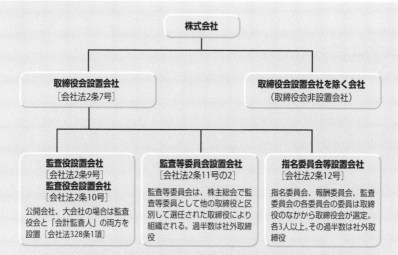

注：1 「株主総会」と「取締役」はすべての株式会社に必須の機関〔会社法295条、326条1項〕。株式会社が取締役会、監査役、監査役会、監査等委員会、指名委員会等を置くには定款の定めが必要である〔会社法326条2項〕
2 「公開会社」「監査等委員会設置会社」「指名委員会等設置会社」は、取締役会を設置しなければならない。取締役会設置会社は監査役を置かなければならない（監査等委員会設置会社・指名委員会等設置会社は除く）〔会社法327条1項〕
3 監査等委員会設置会社、指名委員会等設置会社は、監査役を置いてはならない〔会社法327条4項〕
4 公開の大会社は、監査役会、監査等委員会、指名委員会等のいずれかを置かなければならない〔会社法328条1項〕

2 指名委員会等設置会社と監査等委員会設置会社

　株式会社は、まず、取締役会を置いているかどうかにより取締役会設置会社[会社法2条7号]と取締役会非設置会に大別される。

　株式会社は、定款で定めれば取締役会を置くことができるが[会社法326条2項]、公開会社[会社法2条5号]、監査役会設置会社[会社法2条10号]、監査等委員会設置会社[会社法2条11号の2]、指名委員会等設置会社[会社法2条12号]は、取締役会を置かなければならない[会社法327条1項]。

　上記のうち、指名等委員会設置会社と監査等委員会設置会社の概略は、以下のとおりである。

1◆指名委員会等設置会社[会社法2条12号]

　2002（平成14）年の旧商法改正により、米国の上場会社をモデルとして「指名委員会」「監査委員会」「報酬委員会」の制度が導入された。

　導入の背景としては、日本の企業における経営陣に対する監督の強化・ガバナンスの強化の必要性である。すなわち、日本では伝統的に監査役設置会社が主流であるが、監査役には経営陣に対する指揮・監督権がないために監査機能に限界があり、また、取締役会は法的には経営陣に対する監督権限をもつものの取締役の多くが社内出身者であったために、監査役、取締役会いずれからも経営陣への監督は十分になされないことが少なくないのが実情であった。上述の委員会の制度の導入はこうした状況の改善をめざしたものである。

　この制度は2002（平成14）年の導入時には「委員会等設置会社」と名づけられたが、2005（平成17）年の会社法制定時に「委員会設置会社」に名称が変更され、さらに2014（平成26）年改正で新設された監査等委員会設置会社

指名委員会等設置会社［会社法2条12号］

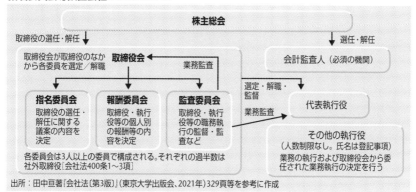

出所：田中亘著『会社法〔第3版〕』（東京大学出版会、2021年）329頁等を参考に作成

と区別するために、「指名委員会等設置会社」に改称されて現在に至っている。

　各委員会の委員は、3人以上で、その過半数は社外取締役でなければならない。

　ただし、日本での指名委員会等設置会社の採用は、外国証券取引所に上場している会社等の100社に満たないとされている［江頭憲次郎著『株式会社法〔第8版〕』（有斐閣、2021年）396頁。2022（令和4）年12月12日現在89社（日本取締役協会調べ）］。日本でこの形態が採用されにくい理由は、指名・報酬に関する権限を、社外取締役を過半数とする委員会に委ねることへの強い抵抗感も根底にあるといわれている［田中亘著『会社法〔第3版〕』（東京大学出版会、2021年）315頁］。

2◆監査等委員会設置会社 ［会社法2条11号の2］

　監査等委員会設置会社は、2014（平成26）年会社法改正で新設された制度である。これは、監査役会設置会社と指名委員会等設置会社を折衷したタイプの制度であり、指名委員会等設置会社と比較すると、指名委員会・報酬委員会が不要となっている。

　監査等委員会設置会社は取締役会設置会社であるが［会社法327条1項3号］、監査役会設置会社とは異なり監査役は置かれず［会社法327条2項・4項］、監査役の代わりに株主総会で監査等委員として他の取締役と区別して選任された取締役

監査等委員会設置会社［会社法2条11号の2］

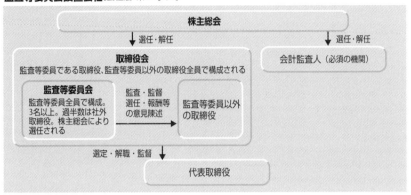

が監査等委員会を組織し［会社法399条の2第1項・2項］、取締役の職務の執行を監査する［会社法399条の2第3項1号］。そして、会計監査人の設置［会社法327条5項］が必須である。また、監査等委員会の業務執行取締役（経営陣）からの独立性を確保するため、3人以上とされる監査等委員の過半数（すなわち最低2人）は社外取締役［会社法2条15号］でなければならない［会社法331条6項］。

　社外取締役を監査役・取締役の双方に配置することは中小規模の上場会社にとっては人材確保が容易でないという実情があるが、一方で社外取締役が過半数を占める「監査等委員会」を設ける監査等委員会設置会社の形態を採用すれば、社外取締役設置の負担が軽減される。なぜなら、監査等委員会設置会社の場合は前述のとおり社外人材は最低2人でよいが、監査役会設置会社の場合には最低2人の社外取締役に加えて最低2人の社外監査役も置く必要があるために、少なくとも4人の社外人材が必要となるからである［江頭憲次郎著『株式会社法〔第8版〕』（有斐閣、2021年）395頁、田中亘著『会社法〔第3版〕』（東京大学出版会、2021年）317頁］。

　なお、東京証券取引所の上場会社のうち3割ほどが監査等委員会設置会社であるとされている（2020年時点）［田中亘著『会社法〔第3版〕』（東京大学出版会、2021年）317頁］。

3 取締役の一般的な義務

1◆取締役の種類

　取締役はその職責に着目すれば、代表取締役[会社法349条1項・3項・4項、363条1項1号]とその他の取締役[会社法348条、362条]（平取締役といわれることもある）とに分かれ、その経歴に着目すれば、通常の取締役と社外取締役[会社法2条15号]とに分かれる。そして、その義務には実質的な違いがみられるが、取締役に共通する一般的義務は次のとおりである[代表取締役の義務は、本書5参照]。

2◆善管注意義務と忠実義務

　取締役は、平取締役、代表取締役、社外取締役を問わず、会社との関係は法的には委任関係になるので[会社法330条]、会社に対して委任の本旨に従い、善良なる管理者としての注意を尽くして職務にあたらなければならないという「善管注意義務」を負う[民法644条]。また、法令・定款・株主総会の決議を守り、会社のために忠実に職務を行わなければならないという「忠実義務」を負うとされている[会社法355条]。

　両者の関係については、忠実義務は善管注意義務の内容を明確にしたにすぎず、善管注意義務と別個の高度の義務ではないとするのが判例であり[最判昭45.6.24判例時報596号3頁]、一般的見解でもある。そうであれば会社法355条にわざわざ「忠実」に職務を遂行する義務を規定する必要はない（会社法330条、民法644条で足りる）とする見解も成立しうるが、実務上、会社に忠実に職務を遂行しなかったと立証できるような事案は、善良なる管理者としての注意を尽くしたといえない場合に当てはまると思われる。

4 善管注意義務・忠実義務の具体的内容と程度

1◆具体的内容

　取締役が負っている善管注意義務・忠実義務の履行として果たすべき具体的な職務の例として、通常あげられているものを列挙すれば、おおむね以下のとおりである。

◆他の取締役の職務執行に関する監視義務
◆取締役会出席、決議参加、報告義務
◆競業避止義務
◆利益相反取引禁止
◆違法配当禁止

　このなかでも、会社の業務を監督する職務を取締役会が負っている[会社法362条2項2号]ことから、判例[最判昭48.5.22判例時報707号92頁]により、取締役会の構成員である個々の取締役も、他の取締役の職務執行を監視する義務を負うとされていることが重要である。他の取締役の職務執行に関する監視義務は、取締役の基本的かつ日常的な義務であり、これを果たすためには、会社の定款、株主総会議事録、取締役会議事録、財務諸表（貸借対照表、損益計算書等）といった必要書類を精査・理解したうえで、会社の経営活動の状況を把握しなくてはならない。

　この義務を遂行する際に問題となり、重要なものが、上述の取締役会出席義務である。特に、代表取締役および取締役会の決議により業務を執行する取締役として選任された取締役は、取締役会に出席して、3ヵ月に1回以上、自己の職務執行の状況を取締役会で報告しなければならない[会社法363条

2項〔ただし、実務的には上場会社では月1回くらいが一般的である〕。そしてその決議に際しては、その他の取締役も含めて取締役は法令、定款、社内規則、株主総会決議等に違反していないかを検討し、あるいは経営上合理的であるかの判断をしなければならない〔東京地決昭54.7.25金融・商事判例581号31頁〕。むろん、取締役の監視義務の範囲は、取締役会で取り上げられた事柄に限られず、代表取締役等の業務執行の全般に及ぶこととなる〔最判昭48.5.22判例時報707号92頁〕。

2◆具体的程度

取締役の善管注意義務は、取締役の地位、状況にある取締役として一般的に要求される識見や能力を基準として決定される。ただし、専門的知識や能力を期待されて取締役になった場合は、より高度な善管注意義務が課されると考えられる〔東京高判昭58.4.28判例時報1081号130頁[＊1]〕。

取締役が、会社に著しい損害を及ぼすおそれのある事実（他の取締役の行為等）を発見したときは、ただちに監査役、監査役会、監査等委員会あるいは株主に報告しなければならない〔会社法357条〕。また、取締役がこうした善管注意義務を怠った場合、会社に対して損害賠償義務を負うこととなる〔会社法423条1項〕[＊2]。

なお、取締役に悪意または重大な過失があった場合には、取締役は第三者に生じた損害についても損害賠償責任を負う可能性があることに留意が必要である〔会社法429条1項〕。判例は、取締役が悪意または重過失により会社に対する善管注意義務・忠実義務に反し第三者に損害を与えた場合には、この義務違反と第三者の被った損害との間に因果関係がある限り取締役は損害賠償責任を負うとしている〔旧商法266条ノ3第1項に関する最判昭44.11.26判例時報578号3頁〕〔江頭憲治郎著『株式会社法[第8版]』(有斐閣、2021年)533頁〕。本書51以下を参照。

---

1 ＊監査役の事案であるが、監査役に選任された税理士につき、税務処理上の過誤を犯したことについて、監査役として著しく不適任であったと判示している。

2 ＊6月の株主総会で選任された取締役が、その年の8月に提出された「四半期報告書」に、会社が継続的に行ってきた投資の失敗の損失隠しで虚偽の事実が記載されていることに気づかなかったケースで、裁判所は、「1カ月以上の十分な時間があり、虚偽記載の事実関係を確認し、代表取締役に進言するなどして四半期報告書の提出を阻止することは可能であった」として善管注意義務違反があったと判断した〔オリンパス粉飾事件・東京地判平29.4.27資料版商事法務400号119頁〕。

5 代表取締役、業務執行取締役、社外取締役の義務と権限

1◆代表取締役、業務執行取締役、社外取締役とは

　代表取締役とは、会社外に対して会社を代表する取締役であり[会社法349条1項・3項]、会社内においては会社の業務を執行する取締役である[会社法363条1項1号]。

　一方、業務執行取締役とは、取締役会の決議により、代表取締役のほかに選任された会社の業務を執行する取締役である[会社法363条1項2号][＊1]。多くの場合、その会社内において、社長、副社長、専務、常務といった呼称で呼ばれ、役付取締役といわれることもある。

　また社外取締役とは、現在そして過去10年以内に、会社やその子会社[会社法2条3号]の業務を執行する取締役・執行役・使用人になったことのない等といった要件を満たす取締役のことである[会社法2条15号]（会社法327条の2、331条6項、373条1項2号、400条3項で、社外取締役の設置が義務づけられる場合について規定されている）。

2◆代表取締役の義務と権限

　代表取締役は上述のとおり、会社外には会社を代表し[＊2]、会社内では業務執行全般を行う者であるが、原則論としては、会社の業務執行の決定は取

1＊いずれも指名委員会等設置会社以外の会社の場合。指名委員会等設置会社[会社法2条12号]の場合は、執行役が会社の業務執行権を有し、取締役会により執行役のなかから代表執行役が選任されて、会社を代表する権利を有することとなる[会社法420条1項]。

2＊代表取締役の代表権については、たとえば、取締役会の決議等で、特定の事業については会社を代表する権限がない旨、取り決めるなどして代表権限を制限したとしても、当該代表取締役による取引行為の相手方が代表権の制限を知らなかった場合には、その取引行為は無効とはならない[会社法349条5項]。ただしこの場合でも、当該代表取締役は会社に対し、法令違反行為による損害賠償責任を負う[会社法423条1項]。

締役会が行うこととなっている[会社法362条2項1号]。代表取締役が選任された場合でも、重要な財産の処分および譲受けをはじめとする一定の事項は、取締役会のみが決定権を有し[会社法362条4項[＊3]]、代表取締役がこれらを専断することはできない。むろん、代表取締役が会社法362条4項所定の事項について専断した場合[＊4]、会社に損害があれば法令違反行為として会社に対し損害賠償責任を負う[会社法423条1項]。

　また代表取締役は他の取締役と同じく会社との委任契約に基づく善管注意義務を負うが[本書3参照]、業務執行の最高責任者であり、実際には自ら個人で経営判断を行うことも多い。その場合でも善管注意義務を前提として適切に経営判断をしなければならず、その判断を誤り会社や第三者に損害を与えたなら、損害賠償責任が成立することがある[会社法423条1項、429条1項]。

　ただし、利益追求を旨とする会社の経営には決断とリスクは不回避でもあり、代表取締役としては、その経営判断については広汎な裁量が認められている（経営判断の原則）。詳細は本書**32**以下を参照されたい。

　このような経営判断につき責任を有するのは一般の取締役も変わるところはないが、代表取締役の場合、日常の業務執行を行うことで会社経営の実情にも精通し（そうでなければ、そもそも職務を全うしたとはいえない）、一般の取締役よりも、より的確・適正な判断をなすことが期待されている。

　ちなみに代表取締役は、他の取締役と同様に取締役会に出席し、適切な経営判断のうえ決議に参加しなければならないが、これに加えて3ヵ月に1回以上、業務執行の状況全般について、取締役会に報告すべき義務が課せられている[会社法363条2項]。

3＊会社法362条4項は、重要な財産の処分および譲受け[1号]のほかに、多額の借財[2号]、支配人その他重要な使用人の選任と解任[3号]、支店その他重要な組織の設置・変更・廃止[4号]、内部統制システムの構築[6号]等をあげている。

4＊最判昭40.9.22[判例時報421号31頁]は取締役会決議を受けずに代表取締役が重要な財産を処分[会社法362条4項1号]した事案で、取締役会決議を受けずに行った代表取締役の取引行為も原則は有効だが、相手方において取締役会決議を受けていないことを知っていたか、知らないことに過失があった場合には、上記取引行為は無効となると判示している。

3◆業務執行取締役の義務と権限

　業務執行取締役も、会社外に対しては代表権を有する代表取締役とまでは
いかないものの、会社内については代表取締役と同様に業務執行権を有する
以上、平取締役よりは会社経営の実情に通じていなければならず、その義務
はより高度なものが要求される。たとえば、判例[最判昭48.5.22判例時報707号92頁]
により一般に取締役は他の取締役に対する監視義務を負うが[会社法362条2項2
号]、業務執行取締役にはより高度の義務が課されている[＊5]。

　ただし、業務執行取締役の場合、たとえば営業担当、製造担当、経理担当、
総務担当といった業務担当を分担する者も少なくないことから、担当外の領
域について他の取締役の業務を掌握し監視を行うことはむずかしい面もある。
そこで、担当外の取締役なりに十分に注意を払ったにもかかわらず他の取締
役の任務懈怠を見過ごしても、法的責任を負うことは少ないと解される[＊6]。

4◆社外取締役の義務と権限

　社外取締役とは、代表取締役の影響の薄い者を取締役とすることで、代表
取締役等の業務執行に対する監視機能を強化することを目途として選任され
るもので、無論、社外取締役も取締役の一人として会社に対して善管注意義
務を負い、他の取締役の監視義務を負っている。もっとも、会社の実情を知り、
業務執行についての情報へアクセスをすることができる業務執行取締役に比
較して注意義務の程度は軽いと考えられている。したがって平取締役もそう
だが、①その責任を追及しようとする取締役が代表取締役や他の取締役のし
た上記違法行為を知っていたこと、または、②相当の注意をしなくても容易
に知ることができたのに漫然と看過したこと、という事情がなければ、善管

5＊この理は代表取締役にも当てはまるが、会社内外の経営行為を実際に行う代表取締役は多くの場合、監視す
　る側ではなく監視される側になると思われる。
6＊東京高判昭53.7.19[判例時報900号103頁]は、経理担当の代表取締役が行った回収見込みのない手形振
　出しについて、営業担当の代表取締役には監視義務を怠ったことにつき重大な過失はないとして、第三者に
　対する責任を否定している。

注意義務違反とはならないとされている[*7]。なお、それでも社外取締役は、取締役としての責任追及を受ける可能性はあり、社外取締役のなり手が制約されるとの危惧もあるが、これをある程度緩和するため、社外取締役を含む取締役について善意かつ無重過失の場合に責任制限できるとする責任限定契約[会社法427条]などの免責の仕組みも用意されている[詳細は、本書45参照]。

7＊平取締役についての事案だが、本文の理を説くものとして、大阪高判昭53.4.27[判例時報897号97頁]がある。

6 | 社外取締役

1◆社外取締役の意義

　社外取締役[会社法2条15号]とは、株式会社の取締役であって、株式会社の業務を執行せず、かつ、当該株式会社ならびにその親会社、子会社および経営陣などとの間に一定の利害関係を有しない取締役をいう。

　社外取締役には、少数株主を含むすべての株主に共通する株主の共同利益を代弁する立場にある者として、業務執行者から独立した立場で、会社経営の監督を行い、また、経営者あるいは支配株主と少数株主との利益相反の監督を行うという役割を果たすことが期待されている[竹林俊憲編著『一問一答 令和元年改正会社法』(商事法務、2020年)156頁]。

　2014（平成26）年の会社法改正により、監査役会を置く公開・大会社で、かつ、有価証券報告書の提出義務を負う会社が社外取締役を置いていない場合には、取締役はその事業年度に関する定時株主総会において「社外取締役を置くことが相当でない理由」を説明しなければならず、「社会取締役を置くことが相当でない理由」を事業報告書および株主総会参考書類の内容として、株主に開示することとされた。

　そして、2019（令和元）年の会社法改正により、それまでの「説明」のくだりが削除され、一定の会社には社外取締役の設置が強制された。すなわち、監査等委員会設置会社および指名委員会等設置会社は、委員の過半数（委員は最低3人なのでその過半数は最低2人）の社外取締役を置かなければならない[会社法331条6項、400条1項3項]とされ、また、監査役会を置く公開・大会社で、かつ、有価証券報告書の提出義務を負う会社[金融商品取引法24条1項]は、最低1人の社外取締役を置くことが義務づけられた[会社法327条の2]。

2◆社外取締役の要件

　社外取締役の資格要件は、取締役会のガバナンス強化という見地より、下記の5つの要件いずれにも該当することが求められる。

◆現に、その会社や子会社の「業務執行取締役等」（取締役会で選定された業務執行取締役、執行をしたことのある取締役、執行役、支配人その他の使用人）ではなく、かつ、就任前10年間にも業務執行取締役等の立場であったことがないこと [会社法2条15号イ]

　この「業務執行取締役等」という用語のなかに「執行をしたことのある取締役」が加えられているのは、取締役会で正式に選定された業務執行取締役でなくても、代表取締役に執行を委ねられて、事実上、執行行為をした取締役も含まれるためである。

◆就任前10年間に会社や子会社の取締役、会計参与（会計参与が法人であるときは、その職務を行うべき社員）、監査役であったことがある場合（業務執行取締役等であったことがある者を除く）は、それらの就任前10年間、会社や子会社の「業務執行取締役等」であったことがないこと [会社法2条15号ロ]

　この規制により、就任前の10年間は非業務執行取締役、会計参与、監査役など執行にしがらみのない一定の立場であったとしても、さらに10年遡った期間中に、「業務執行取締役等」であった場合は、社外取締役の要件をみたさないということとなる。

◆①親会社（会社の経営を支配している法人）の取締役、執行役、支配人その他の従業員、または、②会社の経営を支配している自然人ではないこと [会社法2条15号ハ]

この「経営を支配している」の意味については、議決権が50％を超えている場合、議決権が40％以上であり、これにその法人・自然人と同調する議決権を与えると50％を超える場合など、細かく定められている[会社法施行規則3条2項3項、3条の2第2項・3項]。「親会社等」の利害を背負っている人であると、純粋に会社の利益を考えることが期待できないため、社外取締役にはふさわしくないとされていることによる。

◆兄弟会社（親会社の別の子会社）の「業務執行取締役等」でないこと[会社法2条15号ニ]
◆会社の取締役、執行役、支配人その他の重要な使用人、または会社の経営を支配している自然人の配偶者または二親等内の親族でないこと[会社法2条15号ホ]

これは、会社の取締役等と親子（一親等）、兄弟姉妹（二親等）の関係にある者も、社外取締役にはふさわしくないという趣旨である。

3◆社外取締役設置の義務

前述のとおり、監査等委員会設置会社および指名委員会等設置会社は、少なくとも委員の過半数、人数にすると最低でも２人以上の社外取締役を置かなければならない[会社法331条6項、400条1項3項]。また、監査役会を置く公開・大会社で、かつ、有価証券報告書の提出義務を負う会社[金融商品取引法24条1項]は、最低１人の社外取締役を置くことが義務づけられている[会社法327条の2]。

なお、社外取締役の設置が義務づけられている会社が、会社法327条の2の規定に違反して社外取締役を置かずに、取締役が遅滞なく社外取締役選任のための議案を株主総会に提出せず、かつ、一時役員の申立て[会社法346条2項]もおこなわない場合には、取締役の善管注意義務違反が問われる。また、会社法327条の2の規定に違反して、遅滞なく社外取締役を選任しなかったときは、取締役等は100万円以下の過料に処せられる[会社法976条19号の2]。

4◆証券取引所が求める「独立役員」制度

　東京証券取引所ほかの証券取引所は、上場企業に対して、少なくとも１名の「独立役員」を確保して届け出ることを求めている。

独立役員とは「一般株主と利益相反が生じるおそれのない社外取締役または社外監査役」と定義され[有価証券上場規程436条の2]、「上場管理等に関するガイドライン」Ⅲ5.(3)の２において「独立性基準」が設けられている。

　独立役員制度の趣旨は、一般株主保護の観点から、経営陣から独立した役員を１名以上確保することを上場会社に義務づけるものとされる。独立役員の法的な地位、責任範囲は会社法上の社外取締役、社外監査役と異なることはなく、その権限と責任、選任方法、任期等は、会社法の範囲内で定められるものである点が変わるものではない（東京証券取引所「独立役員の確保に係る実務上の留意事項」等参照）。

5◆社外取締役に業務執行を委託できる場合

　会社と取締役との利益が相反する状況にあるとき、その他、取締役が業務を執行することにより株主の利益を損なうおそれがあるときは、会社はその都度、取締役会の決議により、社外取締役に業務執行を委託することができる[会社法348条の2第1項]。

　社外取締役は業務執行取締役ではないことは資格要件のひとつであるため、会社の業務を執行した場合には、原則として社外取締役ではなくなるものであるが[会社法2条15号イ]、社外取締役が受託した業務を執行しても、社外取締役として除外されるべき「執行した」には該当せず[会社法348条の2第3項]、社外取締役の資格は失われない。ただし、社外取締役が業務執行取締役（指名委員会等設置会社では執行役）の指揮命令により当該委託された業務を執行したときは、この限りでないことに注意が必要である[会社法348条の2第1項・3項]。

7 使用人兼務取締役の立場

1◆使用人兼務取締役とは

　使用人兼務取締役とは、会社との間の雇用契約に基づく使用人（従業員）としての地位と、会社との委任契約に基づく取締役としての地位を兼有する取締役のことをいい、このような使用人兼務取締役も法的に認められることは判例でも明らかにされている[最判昭43.9.3金融・商事判例129号7頁]。付言すれば、使用人兼務取締役の使用人としての地位には、通常、部長、支店長、工場長といった役職がともなうことが多い。当然、使用人兼務取締役も取締役なので、取締役としての善管注意義務・忠実義務を負っているが、それに加えて、使用人として、代表取締役や業務執行取締役をはじめとする上司の指示、命令に服することとなる[＊1]。こうした実情があるため、ガバナンス強化の見地から、監査等委員である取締役は、監査等委員会設置会社もしくはその子会社の使用人を兼務できず[会社法331条3項]、指名委員会等設置会社の取締役は、当該会社の使用人を兼務できないと規定されている[同条4項]。

　なお、終身雇用制を大きな柱のひとつとするわが国の法制においては、取締役の地位は従業員としての奉職・会社への貢献の到達点のように扱われており、使用人兼務取締役と業務執行取締役のほかには、いわゆる通常の平取締役の立場の者があまり見受けられないのが実態である。

　また、多くの会社では使用人兼務取締役とやや類似する役付取締役として、執行役員という地位がみられる。執行役員は会社法上の執行機関ではなく（株

1＊従業員としての地位も有するから、代表取締役等上司の指示、命令に違反した場合、業務命令違反として懲戒処分の対象ともなる。すなわち、指示、命令に違反する場合には、従業員としては具体的かつ強度の危険を含むこととなる。

主代表訴訟の対象にならない）、会社と委任または雇用契約関係に立ち、日常の業務は行うものの、会社法上の制度である取締役の地位を当然に兼務するものではない。

2◆取締役としての監視義務

前述**1**項のとおり、使用人兼務取締役は取締役として善管注意義務を負う。具体的には代表取締役を含む他の取締役の職務執行に関する監視義務[会社法362条2項2号]、取締役会出席・決議参加・報告義務、競業避止義務、利益相反取引の禁止の義務、違法配当禁止の義務といった各種の義務を負うが[本書**3**]、このなかで一番問題とされているのが監視義務である。

上司である代表取締役による指示・命令が会社全体の利益に反するような場合、使用人兼務取締役は、取締役としての上記監視義務と従業員としての業務命令に服する義務との板挟みになる。法的には、代表取締役の指示・命令といえども、それが会社全体の利益に反するなら、代表取締役個人の善管注意義務に反する法令違反の行為であって、法的な瑕疵を含んでいることから、適法な指示・命令とはいえず、従業員としてもそのような指示・命令に従う義務はないこととなる[＊2]。一方、取締役としての監視義務からみても、このような場合、使用人兼務取締役としては監視義務を疎かにする理由はなく、十全にその義務を尽くさなければならない。仮にそれを怠った場合、使用人兼務取締役の立場であることを理由に任務懈怠の責任を免れることはできず、善管注意義務違反として会社に対して損害賠償責任[会社法423条1項]を負うこととなる。

このとき、上司（代表取締役等）のなした命令・指示が、当該代表取締役等の私益に供するような、明白に会社全体の利益に反するものである場合はともかく、使用人兼務取締役の立場としては、上司の命令・指示が会社全体

2＊上司の命令といえども、その命令が法的に瑕疵を含むなら、従業員としてはその命令に従わなくてよいことは、使用人兼務取締役に限らず、従業員一般に当てはまる。たとえば、上司から配転（転勤）の命令を受けたとしても、その配転（転勤）命令が配転権の濫用であるような場合、当該従業員は命令に従わなくともよく、会社としては命令違反を理由に懲戒処分を行ったとしてもその懲戒処分は無効となる。

の利益に反するか否かがその場では判断しかねるケースがありうる。使用人兼務取締役としては、会社の利益に反しないと判断して当該命令・指示に従ったところ、事後的に（たとえば裁判所の判断等で）それが会社の利益に反すると判断されると、監視義務違反として損害賠償の対象となる。これはやや酷な場合もあると思われ、今後の課題のひとつであろう。

3◆地位と報酬

　使用人兼務取締役は、従業員としての地位と取締役としての地位を兼有するので、その報酬は、従業員としての地位によるものと取締役の地位によるものとを合わせた額となり、その決定方法もおのおのの地位に基づくものとなる。すなわち、従業員としての地位による部分は、会社との雇用契約や就業規則（もしくは賃金規程）によって決定され、取締役の地位による部分は原則として定款で定めるか株主総会の決議で定まる[会社法361条1項][*3]。なお、指名委員会等設置会社においては、取締役会の内部機関である報酬委員会が取締役および執行役の報酬を決定する[会社法404条3項]。

　ここで若干問題となるのは、使用人兼務取締役の報酬は前述のとおり、従業員としての地位によるものと取締役としての地位によるものとに分かれており、前者は株主総会の直接のコントロールを受けない点である[*4]。したがって、使用人兼務取締役の報酬を株主総会で決定する際には、使用人としての金額も明らかにするか、少なくともそれを明らかにするのが妥当とする

3＊取締役退任時に支給される退職慰労金も広い意味では取締役の報酬だが、一定の要件下で株主総会が取締役会の決定に任せることを認めている[最判昭44.10.28判例時報577号92頁等]。すなわち、明示的または黙示的に一定の基準を示して取締役会がその基準に従って退職慰労金の額を定めるものとして、その決定を取締役会に任せるような株主総会決議であれば、その決議は会社法361条1項に違反しない。

4＊会社が使用人兼務取締役に使用人としての給与を支払うことも、一応、会社と取締役との取引[会社法356条1項2号]に該当するので、形式論としては取締役会の承認を要することとなるが、当該会社に一般的に定められている規程に沿っての給与支給であれば、特に取締役会の承認を要しないとされている。

5＊私見だが、当該会社にあらかじめ一般的に定められている給与規程に沿って給与が支給されるのであれば、会社法361条1項の立法趣旨である取締役のお手盛りの防止の見地からして、特に危険はないと思われる。もっとも、使用人としての金額も明らかにするのが株主保護の見地からは丁寧ではあろうが、それを法的に必要とするまではないであろう。

見解がある[＊5]。

　なお、判例は、①使用人として受ける給与の体系が明確に確立している場合には、②株主総会において、別に使用人として給与を受けることを予定しつつ、取締役報酬のみを決議することを許すとしている[最判昭60.3.26判例時報1159号150頁]。実務では、株主総会において報酬等には使用人給与分が含まれていないことを明示したうえで、取締役の報酬等の決議を行っているのが一般である。

8 | 取締役の株主総会欠席

1◆取締役の株主総会出席義務

　取締役は、株主総会において株主の求めた事項につき必要な説明をする義務を有している[会社法314条本文]。そこで、この説明義務を履行するために、取締役は株主総会に出席しなければならない。ただし、この取締役の出席義務は、説明義務を履行するための前提となるものであり、会社法には取締役の株主総会出席を直接に義務づける規定はない。説明を求めた株主に対しては、会社の取締役のだれかが適切に回答すれば足りるので、必ずしも株主総会欠席が、取締役の会社に対する具体的義務の違反に直結するものではない。付言すれば、株主総会は全取締役が出席しなければならないものでもなく、全取締役が出席していないとしても取締役の欠席それ自体を原因に不成立になったり無効・取消原因を含むものになったりするものでもない。

　ちなみに、取締役といえども病気、あるいはきわめて重大な用件により、どうしても株主総会に欠席せざるをえないことはある。このような正当な事由がある場合は、株主総会に出席しなくても問題になることはない。

2◆株主総会欠席による責任

　前述**1**項のとおり、株主総会への出席は、株主に対して負っている説明義務を果たすための前提であるので、ある取締役が株主総会に欠席し、当該取締役の欠席により、株主からの質問事項に対して、会社の取締役総体として適切に説明できない事象が起きた場合は法的に問題となる。逆に、欠席した取締役以外の取締役が適切に説明義務を果たせれば問題とはならず、たとえ欠席した特定の取締役を指名する形で株主から質問されることがあったとし

ても、会社としては他の取締役によって適切に説明義務が果たせれば問題はない。この理は、株主より指名された取締役が出席している場合でも同様であり、会社の判断で、他の取締役が説明義務を果たすことは許される。

前述のような、株主の質問事項につき、欠席した取締役はもちろん、出席した他の取締役からも適切な説明ができなかった場合、そのような状況下で株主総会決議をするようなことになれば、その決議は法令違反として決議取消しの原因となりうる[会社法831条1項1号]。また、株主総会に欠席した当該取締役個人は、その欠席によって説明義務を果たすことができなかった場合、過料に処せられることもある[会社法976条9号]。

なお、ある取締役の株主総会欠席に対して、株主より、当該取締役の欠席について会社に質問がなされることがある。その場合、出席している取締役は、当該取締役の欠席理由を説明する必要があるかが問題となりうる。法的には、取締役に株主総会の出席そのものを直接義務づける規定がない以上、欠席事由について説明する義務まではないと思われるが、当該取締役の欠席に正当な事由があるなら、それを株主に説明するのが望ましいであろう。

株主総会の場でこうした説明をしておけば、後に株主総会決議案に関する会社からの説明で、欠席している取締役からの説明がなかったことを理由とする会社の説明不足を追及される理由も減少すると思われる。実務としては、「海外出張」「やむをえない所用」「急病」といった、ある程度概括的なものでも許されると解される。

9 株主総会における説明義務

1◆説明義務とその拒絶

　取締役（会計参与、監査役、執行役も同様）は、株主総会において株主から特定の事項の説明を求められた場合には、その事項について必要な説明をしなければならない[会社法314条本文]。会社法314条本文は、議案の提案者が提案理由等を説明し、質疑応答の後に決議をすべきであるという会議体の一般原則を株主総会において適用した規定であり、これにより、株主と取締役等との間で活発な質疑応答がされることを期待したものである。

　ただし、以下のような場合は説明を拒絶できるとも規定されている[会社法314条但書][＊1]。

◆株主からの質問が株主総会の目的である事項に関しないものである場合（説明義務は会議体としての株主総会の議題に関する事項に限られているので、それに関係のない事項については説明義務の範囲外となる[＊2]。ただし、上記の議題には、株主総会決議事項はもとより、報告事項も含まれる）
◆株主共同の利益を著しく害する場合（株主も結局は会社の構成員であり、株主の質問に回答することによって会社に大きな被害が生じる場合には[＊3]、株主の質問に回答しないことができる）
◆その他の正当な理由がある場合として法務省令で定める場合（株主の質問に対して説明するために調査が必要な場合[会社法施行規則71条1号]、説明すること

1＊ここで列挙したもののほかにも、株主の質問事項が特定していない場合をあげる論者が多い。裁判例として東京地判昭62.1.13[判例時報1234号143頁]がある。
2＊たとえば、政治問題、時事問題を中心とする質問等がこれに該当する。
3＊たとえば、株主の質問が営業秘密（新製品の内容等）にかかわる場合がこれに該当する。

で会社やその他の者の権利を侵害することとなる場合[同条2号]、株主が株主総会において実質的に同じ質問を繰り返す場合[同条3号]、その他説明をしないことにつき正当な理由がある場合[同条4号]には、説明を拒絶できる）

2◆説明義務の程度

説明は、客観的に合理的と認められる程度であればよく、質問した株主が納得しなかったからといって説明義務に不足するものでもない[＊4]。また、株主の質問が株主総会の議題に関連するものであるからといって、すべての質問に対して説明しなければならないとは限らず、これも客観的にみて株主が決議において判断するに必要な程度であれば足りる[＊5]。

なお、株主総会においては、円滑な総会運営のために、取締役が株主による議場での質問を待つことなく、事前に通知された質問事項を整理したうえで一括回答することも可能とされており[東京高判昭61.2.19判例時報1207号120頁]、実務でも一般に行われている。

3◆説明義務違反の法的効果

取締役が説明義務に違反した場合は、本書8でも述べたように、株主総会決議の取消し事由となることがあり[会社法831条1項1号]、また、説明義務に違反した株主総会に欠席した当該取締役個人は、過料に処せられることもある[会社法976条9号]。特に、株主総会決議が取消しになりうるリスクは大変なものがあろうから、株主総会の実務においては、取締役は、過剰に思える質問に

4＊東京地判平16.5.13[金融・商事判例1198号18頁]は、説明義務が尽くされたか否かの基準につき、取締役からの説明内容、質問した株主が保有する知識、判断資料の有無・内容等を総合的に考慮して、平均的な株主が議決権行使の前提としての合理的な理解および判断を行いうる状態に達しているか否かによるものとしている。

5＊東京地判平4.12.24[判例時報1452号127頁]は、「議長は、株主がなお質問を希望する場合であっても、議題の合理的な判断のために必要な質問が出尽くすなどして、それ以上議題の合理的な判断のために必要な質問が提出される可能性がないと客観的に判断されるときには、質疑応答を打ち切ることができ」るとしている。実務としては、総会に提出された書類の内容に加え、決算短信やプレスリリース等の公表資料の内容も含め、簡明に回答することで足りることも多いであろう。

ついてもある程度は答えていき、説明義務違反になることのないよう十全に尽くしてから、必要に応じて質疑応答の打切り、制限を行うという運用になると思われる。株主総会に弁護士が出席することの意味はここにあろう。

10 取締役会の役割と不開催の影響

1◆取締役会の役割と取締役の責務

　取締役会設置会社[会社法2条7号]において、取締役会は取締役全員で構成される合議体である会社の機関であり[会社法362条1項]、その役割としては、

◆業務執行の決定
◆取締役の職務の執行の監督
◆代表取締役の選定および解職

が規定されている[会社法362条2項1号〜3号][＊1]。取締役会が設置されていない会社では株主総会はその決議事項に制限がなく、会社に関する全事項を決議しうる万能の機関となるが[会社法295条1項]、取締役会設置会社では株主総会の決議事項は会社法または定款に定める事項に限られる[会社法295条2項][＊2]。

　取締役は取締役会の構成員であり、代表取締役とそうでない取締役（いわゆる平取締役）とを問わず、委任契約関係に立つ会社に対して善良なる管理者としての注意を尽くして職務にあたらなければならないという善管注意義務を負い、また法令・定款・株主総会の決議を守り、会社のために忠実に職務を行わなければならないという忠実義務を負う[本書3参照]。その取締役の責務として、取締役は、他の取締役の職務執行に関する監視義務を負うが[本

1＊指名委員会等設置会社[会社法2条12号]では、業務執行の決定、執行役等の職務執行の監督[会社法416条1項1号・2号]、代表執行役、執行役の選定および解職[会社法420条1項・2項、402条2項、403条1項]が取締役会によって行われる。
2＊株式の全部または一部につき譲渡制限が定められていない株式会社である公開会社[会社法2条5号]では、取締役会の設置が義務づけられている[会社法327条1項1号]。

書4参照）、取締役会は取締役が監視義務を履行するための基本的な機関である[*3]。

取締役会においては、取締役はその職務を果たすために、会社の定款、株主総会議事録、取締役会議事録、財務諸表（貸借対照表、損益計算書等）といった必要書類を精査・理解したうえで、会社の経営活動の状況を把握するよう努めることとなる。また、取締役会における取締役の監視義務の範囲は、取締役会で取り上げられた事柄に限られず、代表取締役等の業務執行の全般に及ぶ[本書35参照]。

2◆取締役会の招集権者

前述1項のような株式会社における取締役会の役割の重要性に鑑み、取締役会は、代表取締役、業務を執行する取締役、その他の平取締役を問わず、各取締役がその招集権を有するのが原則とされている[会社法366条1項本文]。もっとも会社法は、定款または取締役会において取締役会を招集する取締役を定めた場合は、その定められた者が取締役会招集権を有することとなるとも規定しており[会社法366条1項但書]、現に株式会社の実務においてはほとんどの場合、招集権者の定めがされている[*4]。そのような場合でも、当該招集権者が取締役会を開催しないときは、他の取締役（多くの場合、平取締役となろう。以下、仮に「開催請求取締役」という）は、

◆当該招集権者に対して会議の目的である事項を示して取締役会の招集を請求できる[会社法366条2項]
◆当該招集権者が5日以内に、取締役会開催を請求した日より2週間以内の日を会日とする取締役会の招集の通知を発しなかったときは、開催請求取締役は自ら取締役会を招集できる[会社法366条3項]

3＊この趣旨に立って、会社法も、代表取締役および取締役会の決議により業務を執行する取締役として選任された取締役は、取締役会に出席して3ヵ月に1回以上、自己の職務執行の状況を取締役会において報告しなければならない[会社法363条2項]と規定している。
4＊一般には、会長や社長といったいわゆる役付取締役が招集権者とされている。

とされている。

　以上により、取締役は、たとえ取締役会招集権を有している取締役ではなくとも、会社法の規定に沿って取締役会を招集でき、また会社に対する善管注意義務を果たすため、他の取締役の監視義務のために必要と考えた場合には進んで取締役会招集の手続きを履践すべきである。

3◆代表取締役への委任可能事項

　会社法は、取締役会が会社の業務執行を決定することを予定しているが、これは取締役会が会社の業務執行の全事項を自ら決定しなければならないことを意味するものではなく、その一部を代表取締役を含む業務執行にあたる取締役に委ねることが可能である。

　ただし、会社法上、取締役会が決定することが直接規定されている事項[会社法362条2項3号、3項等]はもちろんのこと、代表取締役等にその決定を委ねることが禁止されている事項[会社法362条4項]は、取締役会自らが決定しなければならない。

4◆取締役会不開催の影響

　前述1項、2項のとおり、取締役は取締役会を通して他の取締役（主に代表取締役）の職務執行を監督する義務を有するのみならず、少なくとも会社法の求める事項について審議のうえ決議する義務を負うが、取締役会が不開催のままでは、当然ながら、こうした諸々の義務を果たしえない。

　この場合、取締役会不開催のまま業務を執行した代表取締役等の職務執行により、会社に損害が及んだ場合、当該代表取締役等には会社の被った損害を賠償する責任があることはもちろん[会社法423条1項]、その他の取締役も、前述2項のとおり取締役会開催請求といった適切な監視義務を尽くすことができたにもかかわらずそれを懈怠したような事情があれば、やはり会社への損害賠償責任を負うこととなる（取締役会不開催のままなされた代表取締役の行為の私法的効力については、最判昭48.5.22[判例時報707号92頁]を参照）。

なお、取締役会が開催されずにその決議も得ないままに、会社法が取締役会決議を要求している事項（たとえば会社法362条4項1号の重要な財産の処分）について代表取締役が独断で行ったような場合でも、その行為の相手方（たとえば重要な財産の処分の相手）に対する関係では、当該代表取締役の行為は原則として有効である。ただし、相手方が取締役会の決議を欠いていることを知っていた、または知りえたときに限って無効となる[最判昭40.9.22判例時報421号31頁]。

　また、当該代表取締役、その他の取締役のいずれも、悪意もしくは重過失が認められるような場合は、会社以外の第三者に対しても損害賠償責任を負う[会社法429条1項]。

　なお、代表取締役、業務を執行する取締役が、3ヵ月に1回以上必要とされている取締役会での報告を懈怠しているような事案であれば、代表取締役等はもちろんのこと、その報告義務の懈怠を見逃し、取締役会招集の手続き[会社法366条2項・3項]をとらなかった取締役にも、悪意・重過失が認められやすいと思われる（取締役会が長期にわたり一切開催されていないような場合はなおさらであろう）。

11 取締役会の欠席

1◆取締役会への出席義務

　本書**10**でも述べたが、取締役会は業務執行の決定、取締役の職務の執行の監督、代表取締役の選定および解職といった役割を負い[会社法362条2項1号〜3号]、さらには、重要な財産の処分および譲受け、多額の借財といった重要事項は、代表取締役等に委ねることなく取締役会自らが決定せねばならないとされている[会社法362条4項]。

　このように、取締役会は会社運営にとって重要な機能を果たす機関だが、取締役会も合議体である以上、その構成員たる各取締役の出席がままならない状況では、合議体としての体をなさず、会社法の予定する役割を果たしえないことは当然である。この点、会社法には取締役による取締役会への出席義務を直接に規定した法条はないが[*1]、取締役は等しくその職務につき善管注意義務を負っており、取締役会の機能を損ねるような出席状況でしかない場合は、上記善管注意義務に違反することとなると解される。

　出席状況の基準としては、会社の状況、欠席した各取締役会審議内容、議決内容等、取締役の地位・立場（役付取締役か平取締役か、社内取締役か社外取締役[会社法2条15号]か）等、各種事情が勘案されるべきで一概にはいえないが、きわめて大雑把には、会社法369条１項が取締役会の決議成立の要件を議決に加わることができる取締役の過半数の出席としていることに鑑みて、取締

1＊会社法363条2項は、代表取締役、業務執行取締役は、少なくとも3ヵ月に1回以上、自己の職務執行の状況を取締役会に報告しなければならないとしており、この範囲で代表取締役等は取締役会への出席義務が課せられていることとなる。ちなみに、後記注4のとおり、実務では、取締役会への出席割合がおおむね75％未満の社外取締役について、機関投資家らは選任議案に賛成票を投じないとされていることも参考にすべきであろう。

役会への出席状況が過半数を切った場合は、出席しなかった取締役について善管注意義務に違反する可能性が高くなると思われる。

2◆社外取締役の出席状況

　取締役会への出席状況について比較的問題となることが多いのが、社外取締役である（役付取締役の場合は、取締役の出席状況よりは、そもそも取締役会が開催されないこと〔不開催〕が問題となることが多い）。

　社外取締役は、取締役会における取締役の職務監督機能を果たさせるために有意な存在ではあるが、多くの場合、会社にとって非常勤の、他の職業にも就いている者（他社の取締役、学識経験者等）が就任することから、現実問題として、すべての取締役会への出席は困難なことが多いのが実情でもある（かといって、すべての取締役会に出席できる者のみに限定すれば、そもそも社外取締役のなり手がみつけられなくなってしまう）。しかしながら、本書**5**でも述べたように、社外取締役も取締役の一人として会社に対して善管注意義務を負い、他の取締役の監視義務を負う以上[*2]、取締役が他の取締役の職務執行を監視するにもっとも主要な機会ともいいうる取締役会への出欠につき不問に付されることはない[*3]。実務的には、おおむね8～9割の出席を確保するよう努力して調整しているのが通常である[*4]。

2＊会社に常勤せず、経営内容にも深く関与しないことを前提とする社外重役として名目的に取締役となった者について、取締役としての職責を肯定したものとして最判昭55.3.18[判例時報971号101頁]がある。ただしこの判決は、問題となった名目的な取締役が、代表取締役の要請によって当該会社の5分の1の株式を引き受けた経緯等に鑑み、代表取締役への影響力が少なくなかったことをも理由として説示しており、このような影響力がなかった場合、同じ結論になるか否かは不透明なところがある。なお、名目的な取締役が代表取締役に対する影響力がないことを理由に、取締役としての任務懈怠につき悪意または重過失の存在を否定した裁判例として、東京地判平3.2.27[判例時報1398号119頁]も存する。

3＊本書**5**で紹介したとおり、会社の実情を知り、業務執行についての情報へアクセスができる業務執行取締役に比較して社外取締役の負う善管注意義務の程度は軽く、特別の事情があって不適当な業務執行を容易に知ることができた場合や、疑うべき事情があったにもかかわらず漫然とこれを見過ごしたような場合でない限り、善管注意義務違反とはならないと解されている。

4＊例として、機関投資家およびそれへの助言機関は、取締役会・監査役会の出席割合が75％未満の役員の重任には、「否」の議決権行使を行うか、それを推奨するものもみられる。

12 ｜取締役の 内部統制システム整備義務

1◆内部統制とは何か

　内部統制とは、大要、健全な企業経営を行うために個々の企業においてなされる適切なリスク管理ということになるだろう（後出の大和銀行株主代表訴訟事件[大阪地判平12.9.20判例時報1721号3頁]判決を参照）。

　会社の規模が大きくなれば、業務の適正性について、取締役が全般にわたり監視することは現実的ではなく、そのため、取締役が負う善管注意義務・忠実義務の一内容として、取締役には会社の業務の適正を確保するために必要な体制を整備する義務があることとなる（同事件判決参照）。これが、内部統制システム整備義務といわれるものである。

　2006（平成18）年施行の会社法により、内部統制システムの整備が取締役会の決定事項であることが規定され[会社法362条4項6号、5項等]、2014（平成26）年の改正では、業務の適正を確保するために必要な体制の整備という表記がなされている。

　2014（平成26）年改正により、会社法施行規則の規定を一部会社法に格上げして、内部統制システムを「株式会社の業務並びに当該株式会社及びその子会社から成る企業集団の業務の適正を確保するために必要なものとして法務省令で定める体制」と定義したことから[会社法362条4項6号等]、取締役会はグループ内全体の内部統制システムの整備義務を負うと解すべきであろう。

2◆会社法の規定

　会社法では、大会社[会社法2条6号]および監査等委員会設置会社・指名委員会等設置会社について、前述**1**項のとおり取締役会（取締役会非設置会社では取締役）に内部統制システム整備についての決定が義務づけられ、かつ、その決定は取締役会の専権事項とされている[会社法348条3項4号、4項、362条4項6号、5項、399条の13第1項1号ロ・ハ、416条1項1号ロ・ホ。会社法施行規則98条、100条、110条、129条等]。

　なお、内部統制システムの整備の決定をした会社は、事業報告[会社法435条2項]において、当該決定の内容の概要および当該システムの運用状況の概要を開示しなければならない[会社法施行規則118条2号][*1]。

3◆内部統制システムの整備について取締役会が果たすべき役割

　会社法により内部統制システムの構築を義務づけられた取締役会には、内部統制の基本方針を決議する義務があるが、具体的な決議項目としては、会社法施行規則100条等に次のように定められている。

◆法令等遵守体制・コンプライアンス体制
◆記録の保存・管理体制
◆損失の危険の管理体制
◆取締役等の職務執行の効率性確保の体制
◆企業集団の業務の適正確保に関する体制
◆監査役・監査等委員会・監査委員会の職務の執行に関する体制
◆監査機関のない会社における株主への報告体制等

　もっとも、取締役会は、会社の不適正な業務が生じる可能性を完全になく

1＊上場会社には、金融商品取引法24条の4の4により、事業年度ごとに内部統制報告書の提出が義務づけられている。ただし、同法の内部統制は「財務計算に関する書類その他の情報の適正性を確保するため」に限定されている。

すシステムの整備までもが厳に求められているわけではない。

　この点、従業員の不正行為により株価が下落し損害を被ったとして、株主が当該企業の代表者に内部統制システム構築義務違反による損害賠償を請求[会社法350条]した事案について、最高裁は、「通常想定される架空売上げの計上等の不正行為を防止しうる程度の管理体制は整えていたものということができる。そして本件不正行為は、…通常容易に想定し難い方法によるものであったということができる」「Ｙ会社の代表取締役であるＡにおいて本件不正行為の発生を予見すべきであったという特別な事情も見当たらない」「リスク管理体制が機能していなかったということはできない」「以上によれば、Ｙ会社の代表取締役であるＡに、…本件不正行為を防止するためのリスク管理体制を構築すべき義務に違反した過失があるということはできない」として、代表取締役の義務違反を否定した[日本システム技術事件・最判平21.7.9判例時報2055号147頁]。

　なお、内部統制システム構築の決定にあたっては、取締役に広い裁量が認められており[ヤクルト株主代表訴訟事件・東京高判平20.5.21判例タイムズ1281号274頁、日経インサイダー事件・東京地判平21.10.22判例時報2064号139頁]、また、決定された各項目の具体的な体制の整備についてはそれぞれの担当執行者が対応すればよいとされる。

4◆裁判例

　内部統制システムに関する日本で初めての著名な裁判例として、大和銀行株主代表訴訟事件[大阪地判平12.9.20判例時報1721号3頁]がある。

　これは、会社法制定前の旧商法下のものであるところ、日本の都市銀行のニューヨーク支店勤務の行員による長年にわたる不正行為を見抜けなかったことについて、株主代表訴訟により取締役が賠償責任を命じられた事案である。

　裁判所は、「健全な会社経営を行うためには、…すなわちリスク管理が欠かせず、会社が営む事業の規模、特性等に応じたリスク管理体制（いわゆる内部統制システム）を整備することを要する。そして、重要な業務執行につ

いては、取締役会が決定することを要するから（商法260条2項）、会社経営の根幹に係わるリスク管理体制の大綱については、取締役会で決定することを要し、業務執行を担当する代表取締役及び業務担当取締役は、大綱を踏まえ、担当する部門におけるリスク管理体制を具体的に決定するべき職務を負う。この意味において、取締役は、取締役会の構成員として、また、代表取締役又は業務担当取締役として、リスク管理体制を構築すべき義務を負い、さらに、代表取締役及び業務担当取締役がリスク管理体制を構築すべき義務を履行しているか否かを監視する義務を負うのであり、これもまた、取締役としての善管注意義務及び忠実義務の内容をなす…。監査役は、商法特例法22条1項の適用を受ける小会社を除き、業務監査の職責を担っているから、取締役がリスク管理体制の整備を行っているか否かを監査すべき職務を負うのであり、これもまた、監査役としての善管注意義務の内容をなす…。

　もっとも、整備すべきリスク管理体制の内容は、リスクが現実化して惹起する様々な事件事故の経験の蓄積とリスク管理に関する研究の進展により、充実していくものである。したがって、様々な金融不祥事を踏まえ、金融機関が、その業務の健全かつ適切な運営を確保するとの観点から、現時点で求められているリスク管理体制の水準をもって、本件の判断基準とすることは相当でないと言うべきである。また、どのような内容のリスク管理体制を整備すべきかは経営判断の問題であり、会社経営の専門家である取締役に、広い裁量が与えられていることに留意しなければならない」とし（筆者注：条文はいずれも当時のもの）、事件当時ニューヨーク支店長であった取締役について内部統制システムの構築に関する任務懈怠を認めた（その他の取締役についても米国法令違反に関する任務懈怠を認めている）。

　また、内部統制システムに関する初めての最高裁判例としては、前出の日本システム技術事件[最判平21.7.9判例時報2055号147頁]がある。

5◆実務における留意点

　いかなる内部統制システムを構築するかについては、裁判例は、経営判断

の原則があり取締役に広い裁量があるとしている［大和銀行株主代表訴訟事件、ヤクルト株主代表訴訟事件等参照］。

　そこで、具体的にはどの程度の水準内容の体制を整えるべきかが、実務上、問題であるが、この点、画一的な基準はなく、裁判例等を参考に考慮していくことになると思われる。

　参考裁判例をあげれば、日本ケミファ・日本ワイス事件［東京高判平3.11.28判例時報1409号62頁］は、「一般的な製薬会社の組織として、控訴人会社の当時の新薬開発管理の体制がねつ造等防止の点で同業の他社に比べて特に劣っていたものと認めるに足りる証拠はない」として義務違反を否定している。また、ヤクルト株主代表訴訟事件［東京高判平20.5.21判例タイムズ1281号274頁］も、「他の事業会社において採られていたリスク管理体制に劣るようなものではなかった」として、義務違反を否定した。したがって、実務的には、まずは同業他社並みの水準は整備しておくことをめざすこととなると思われる。

　内部統制システムの構築についてもっとも重要な点は、システムを適切に運用するとともに、社会の変化に応じて見直しの必要がないか常に確認し、もし不備がみつかれば取締役会で検討を行い、システムをアップデートし続けるということである。この一連の留意を怠り、内部統制システムが時代の推移によって不十分なものとなってしまったのを放置していれば、取締役の任務懈怠責任［会社法423条］や第三者に対する責任［会社法429条］が問題とされる可能性もあるであろう。

13 取締役の競業避止義務の内容

1◆競業避止義務の趣旨と人的、物的範囲

　取締役は会社に対して善管注意義務を負っている。反面、取締役は、たとえば会社のノウハウ、新技術や顧客に関する情報といった営業秘密に接する機会が多い。そのため事業に関する情報に精通する取締役が自由に会社と競業する取引を行えるとすると、そうした情報を利用して、会社の利益を犠牲にして自らの利益を追求する者が出てくるおそれがある。

　そこで、会社法は、「取締役が自己又は第三者のために株式会社の事業の部類に属する取引をしようとするとき」は、取締役会設置会社[会社法2条7号]では取締役会、取締役会非設置会社では株主総会において、その取引に関する重要な事実を開示してその承認を受けることを要するとし、かつ、その違反によって会社に生じた損害につき、会社に対し損害賠償の責任を負う[会社法356条1項1号、365条1項、423条1項・2項]と規定している。すなわち取締役が会社の事業と競業する取引を行う場合には、取締役会または株主総会での承認を得る必要がある[*1]。

　このような取締役に対する取引の規制が、競業避止義務といわれるものである。取締役の競業避止義務は、取締役であればだれでも負うものとされており[*2]、その人的範囲に制限はない[詳細は本書14参照]。

　ところで、会社法356条1項1号にある「自己又は第三者のため」というのは、「自己の名で、または第三者の名で」（第三者の代理人または代表者とし

1＊競業避止義務違反の取引を行った取締役等が得た利益は、この取締役等が会社法423条1項により会社に賠償すべき損害の額と推定される[同条2項]。

2＊代表取締役や業務執行取締役はもちろん、平取締役（特に役の付いていない取締役）、社外取締役[会社法2条15号]、さらには実際には会社の業務に関与していない名目的な取締役であっても同様である。

て）と解する考え方と、「自己または第三者の計算で」（経済的効果が自己または第三者に帰属すること）と解する考え方とがあるが、競業避止義務の趣旨からすれば、後者に解するのが合理的であろう。取締役会または株主総会の承認を得ないでなされた取締役の取引も、それ自体は会社外の第三者との間では有効と解されるので、本文のような見解に立っても、取引の安全を害することはないとされている[本書17参照]。

また、規制を受けるべき取引範囲は、「株式会社の事業の部類に属する取引」とされており、これは簡単にいえば、会社が行っている事業と市場において競合し、会社と取締役との間で利益の衝突をきたす可能性がある取引となる。具体的には、当該取締役が問題となっている取引を行うことで、会社に損害が生ずるおそれがあるか否かの観点から、個別に判断される[詳細は本書14参照]。

2◆取締役会または株主総会における承認、報告

取締役が会社の事業と競業する取引を行うために必要な承認を取締役会または株主総会で得る際には、当該取締役は、問題となる競業取引についての重要な事実を開示したうえでなければならない[会社法356条1項1号、365条1項]。その重要な事実とは、これも一般的には、取締役会または株主総会において、その取引が会社の利益と対立するかどうかを判断するために重要な事実を意味し、取引内容が特定できる程度に具体性がなければならない[＊3]。かかる取締役会または株主総会の承認は、個々の具体的取引ごとになされるのが望ましいとは思われるが、開示された事実から、会社に損害を生じないと判断することが可能な限度では、包括的に（継続的な取引を一体として）承認を受けることも可能とされている[＊4]。

なお、取締役会設置会社においては、競業取引をした取締役は遅滞なく、取引につき重要な事実を取締役会に報告しなければならないともされている[法365条2項][＊5]。これは、競業取引について会社、特に取締役会における事

3＊一般的にある例として、取引の相手方、目的物、数量などがあげられる。

後のチェックを可能とするためのものである[＊6]。

3◆競業避止義務に違反する取引の影響

詳細は本書**17**に譲るが、ごく総論を述べれば、競業避止義務違反による競業取引により会社が損害を受けた場合には、その義務違反をなした取締役は会社に損害賠償義務を負い[会社法423条1項・2項]、また取締役解任の正当事由となり、会社は当該取締役への損害賠償責任を負うことなく、当該取締役を解任できるのが原則となる[会社法339条]。

4＊よくある例として、会社の取締役が、その会社の競業取引を行う別会社の代表取締役に就任することが問題となる。この場合、その取締役が別会社の代表取締役として行う個々の取引につき取締役会または株主総会の承認を得るのは現実的ではないので、別会社の競業する事業の内容について十分な事実、資料を開示させたうえで、その取締役が別会社の代表取締役に就任することについて承認を得ることで包括的に承認を得る、という事例がある[江頭憲治郎著『株式会社法〔第8版〕』(有斐閣、2021年)455頁等]。

5＊この報告は、当該取締役がその競業取引について事前に取締役会の承認を得ているか否かにかかわらない。会社法365条2項は取締役会設置会社における取締役会への報告義務について定めている規定であり、厳密には、取締役会設置会社以外の会社については、競業取引自体の事後的な報告義務は規定されていない。

6＊この報告義務の懈怠には過料の制裁がある[会社法976条23号]。

14 競業避止義務を負う 取締役の範囲

　本書**13**のとおり、取締役は会社の営業秘密に接することの多い立場であることに鑑み、競業避止義務を負っており、競業する取引を行う場合には、株主総会または取締役会において、その取引に関する重要な事実を開示してその承認を受けることを要するとされている[会社法356条1項1号、365条1項]。しかし、たとえば代表取締役と平取締役（特に役の付いていない取締役）とを比較すると、一概に取締役といっても、会社の秘密に接しうる範囲、程度の違いは少なくない。また、会社と競業する取引（会社法356条1項1号の表現を用いれば「株式会社の事業の部類に属する取引」）とはどのようなものかについては、取締役によって実務上、若干の問題がある。

1◆競業避止義務を負う取締役の範囲

　会社法上の競業避止義務を規定する法条[会社法356条1項1号等]は、その取締役の範囲について何らの制限を課していない以上、代表取締役や業務執行の有無、常勤・非常勤の差異に関係なく、平取締役であっても競業避止義務を負うこととなる。当該会社の経営に実質的には関与しておらず、会社の業務の内情および会社の秘密に精通しない立場の平取締役もいるであろうが、取締役は会社の業務執行機関である取締役会に出席しうる立場である以上[会社法362条1項・2項]、一律に競業避止義務を負っているものと解される[*1]。

　特に取締役が会社と競業する同業他社の取締役に就任している場合[*2]、これは競業避止義務違反に該当するか否かが問題とされる。この点について

1＊会社内で欠員が生じた場合に、新取締役が就任するまで取締役としての権利義務を有する者[会社法346条1項]、裁判所が選任する仮取締役[会社法346条2項]、取締役選任決議取消しの訴え等が提起された場合に裁判所が選任する取締役職務代行者[民事保全法23条2項]についても同様と解されている。
2＊1950（昭和25）年の商法改正前には、取締役が同業他社の取締役になること自体を禁じていた。

の詳細は本書**16**に譲るが、たとえば同業他社の代表取締役や役付取締役（専務取締役、常務取締役）に就任していたとしても、内部規程により業務執行に関与していないような場合には、競業避止義務違反に該当しないとされている[*3]。一方、仮に同業他社の取締役（平取締役も含めて）には就任していないとしても、実質的にその同業他社の主宰者として同社を経営しているような場合には、競業避止義務違反が問題となり、同義務に違反するとした裁判例がある[東京地判昭56.3.26判例時報1015号27頁]。

2◆「株式会社の事業の部類に属する取引」の範囲

取締役が競業避止義務を負う範囲である「株式会社の事業の部類に属する取引」の判断については、競業避止義務の規定された立法趣旨、すなわち取締役が会社の秘密に接する地位にあり、その地位を利用し自己または第三者の利益のために取引を行い会社の利益を害するおそれがあるのでこれを防止するという目的に照らして、大要、以下のとおりに理解されている。

◆会社が実際に行っている事業
◆会社が一時的に休止しているにすぎない事業
◆いまだ始めてはいないが、始めることを会社が予定している事業

一方、会社がまったく行っておらずその予定もない事業は、「株式会社の事業の部類に属する取引」の範囲に入らないと解されている。また、同じ趣旨で、会社がまったく取引を行っておらずその予定もない地域において、当該取締役が会社と同一・同種の事業に属する取引を行うような場合も（同一のみならず同種の事業の取引も問題となることは後述）、競業取引には該当しないと解されている。

なお、取締役の競業避止義務の趣旨からすれば、会社の事業と同じ事業に

3＊代表取締役の場合、代表権に課された制限は善意の第三者には対抗できないとされてはいるが、これは取引の安全のための規定であり、本文のような競業避止義務の適否の関係については適用されないと解される。

属する取引だけではなく、会社の事業と同種、類似の事業に属する取引も含まれると解するのが妥当であり、たとえば、会社が和菓子を販売している場合に、洋菓子を販売する取引を行うような場合、和菓子と洋菓子との需要先は重なるところも多いであろうから、競業取引に該当すると解される。一方、よくあげられる例として、同じ菓子類販売の事業であっても、たとえば、会社が行っている事業が卸売業であり、当該取締役が行うのが小売取引であるような場合は、競業取引には該当しないとされている。

15 競業取引の承認で開示すべき「重要な事実」の範囲

　本書13でも述べたように、取締役は会社に対して善管注意義務を負い、その一環として、「取締役が自己又は第三者のために株式会社の事業の部類に属する取引」（競業取引）をしようとするときは、取締役会（取締役会非設置会社では株主総会）において、その取引に関する重要な事実を開示して承認を受けることを要することとし、かつその違反によって生じた損害につき、会社に対し損害賠償の責任を負うという競業避止義務を負っている。取締役会等から承認を受けることを前提条件として、上記競業取引についての「重要な事実」を開示しなければならない。

1◆取締役会等の承認に必要な「重要な事実」とは

　取締役会等による競業取引の承認には「重要な事実」の開示が必要となるが、「重要な事実」を一般論でいえば、その競業取引によって会社が損害を受けないかどうかを取締役会等が判断するにあたっての必要な事実を意味すると解される。これを幾つかの具体的ケースに分けてみると大要、以下のとおりである。

1◆個別の取引に関する場合

　たとえば個別の取引に関する場合は、取引の種類、取引の相手方、取引の目的物およびその種類、数量、価額、取引時期といった内容が考えられる。

2◆反復継続して行われる同種の取引の場合

　継続的な取引につき、これを個々の取引に分解して逐一取締役会等の承認を得るのは煩瑣なため、包括的な一つの取引とみて取締役会等の承認を得ることは可能だが[*1]、その場合の「重要な事実」については、前述の個別の

1＊江頭憲治郎著『株式会社法〔第8版〕』（有斐閣、2021年）455頁

取引と同様の要素（取引の種類、取引の相手方、取引の目的物および種類、数量、価額、取引時期等）とともに、包括的な取引全体の会社への影響を把握するために、取引期間、当該期間において予想される取引数量や売上高が含まれる[＊2]。また、包括的取引が特定の相手方であるような場合には、その相手方の資本額、事業規模、事業実績、相手方のさらなる取引先等を開示することが望ましいと解されている。

3◆競業会社の代表取締役に就任する場合

会社の取締役が当該会社と競業する同業他社の代表取締役に就任する場合も、取締役会等の承認を要することが多いが[詳細は本書16]、この場合は、上記同業他社の事業目的、資本額、営業実績、取引先、取引量、会社との関係といった事柄が「重要な事実」となると解されている[＊3]。

2◆競業取引後に報告すべき「重要な事実」

取締役会設置会社[会社法2条7号]において取締役は、競業取引に先立ち取締役会の承認を得ていたとしても、取引後も遅滞なく、当該取引についての「重要な事実」を取締役会に報告しなければならない[会社法365条2項]。その場合の「重要な事実」については、競業取引前について紹介した前述1項とおおむね同様に解されている。

2＊包括的な取引の場合、ある程度一定の期間を予定しているため、その期間の市場動向の変化（取引目的物の価額の変動、売上高の変動等）が考えられる。この場合、変動の範囲（価額であればその範囲、取引数量でいえば最大値と最小値）につき、予想を開示することが一般的となる。
3＊代表取締役への就任だけでなく、その他の取締役への就任の場合でも、競業会社内の担当分担により、競業会社のために取引に関与する場合には同様と解される。

16 同業他社の代表取締役等への就任

　すでに何度も述べているように、会社法は、「取締役が自己又は第三者のために株式会社の事業の部類に属する取引をしようとするとき」は、取締役会または株主総会において、その取引に関する重要な事実を開示してその承認を受ける旨を規定しているが、一方で現行の会社法では、会社の取締役が他社の取締役に就任すること自体については特に規制がない。したがって、会社の取締役が同業他社の取締役に就任すること自体は、法的には問題はない。

　ただし、当該取締役が同業他社の取締役のうちでも、代表取締役に就任すれば、その取締役は同業他社を代表して個別の「取引」を行うこととなり、その関係で競業避止義務の規制を受けることとなる。

1◆同業他社の代表取締役以外の取締役への就任

　会社の取締役が同業他社の代表取締役ではなく、代表権のない取締役に就任する場合には、通常、当該取締役が同業他社を代表して個別の「取引」を行うことはないので、原則として競業避止義務の規制は及ばない。ただし、仮に代表取締役の立場ではなくとも、同業他社の取引担当者として同業他社における個別の取引を成立させるために相手と交渉しその取引内容を決定したような場合は、競業避止義務の規制を受けることとなる（専務取締役、常務取締役といった役付取締役に就任するような場合には、少なからずそのような場合が出てくるであろう）。

　なお、取締役はその会社の機密の情報に触れる立場であるから、同業他社の取締役に就任した場合、直接には取引に関与しなくとも、自らが知り得た会社の情報を同業他社に提供することで、会社の利益を犠牲にして同業他社

の利益を優先することもありうる。このような場合は、善管注意義務・忠実義務違反として、会社に対して損害賠償責任を負うこととなる[会社法330条、民法644条、会社法355条、423条1項]。

2◆競業避止義務の規制における取締役会等での承認

　競業避止義務の規制における取締役会等による承認方法は、会社と競業する取引を行う前に、その取引に関する重要な事実を開示して行うことが原則となっている[会社法356条1項1号][＊1]。しかし、代表取締役に就任する場合は、同業他社の事業全般を統括、決定する立場に立つわけであるから、当該取締役は同業他社において継続的に同業の取引を実行することが予定されていることがほとんどである。そのような場合に、当該取締役が行う取引ごとに取締役会等の承認を得ることは実際的ではなく、通常は、代表取締役に就任すること自体について会社の取締役会等の承認を得て、これをもってその後に行われる競業取引について包括的な承認を得たものと扱われている[＊2]。

　この場合、取締役会等の承認を受ける際に開示する「重要な事実」については、同業他社の代表取締役に就任することで会社が受ける影響を判断するために十分な事実関係、資料である必要があり、具体的には、同業他社の事業内容、資本額、取引先、予想される取引の内容および量、会社と同業他社との関係、同業事業に属する商品（サービス）についての同業他社の有するシェア等といった諸事実が該当すると思われる。

3◆同業子会社の代表取締役への就任

　親子会社といえども、両社の法人格はまったく別個のものであり、法も資本関係の有無について競業避止義務の規制の適否を規定したところはない[会社法356条1項]。したがって、親会社[会社法2条4号]の取締役が同業の子会社[会社

1＊事後の承認（追認）が許されないというわけではない。詳細は本書**18**参照。
2＊同業他社の代表取締役就任以外の場合でも、継続的な取引につき、包括的な一つの取引とみて取締役会等の承認を得ることがある[本書**15**参照]。

法2条3号]の代表取締役に就任する場合でも、競業避止義務の規制は及ぶこととなる。

なお、親会社の取締役が子会社の代表取締役ではない通常の取締役に就任する場合には、原則として競業避止義務の規制が及ばないのは前述**1**項のとおりだが、逆に、親会社の代表取締役が子会社の取締役に就任する場合、親会社にとっては同業他社の代表取締役への就任ではなくとも、子会社からみれば自社の同業他社である親会社の代表取締役を兼任することになる以上、競業避止義務の規制を受け、子会社の取締役会等の承認を得ることが必要である。

ただし、親子会社の資本関係が100％出資である場合は、競業避止義務の規制は排除されると解されている。もともと競業避止義務の規制は、取締役が会社の利益を犠牲に自己または第三者の利益をはかる危険に鑑みてのものであり、親子会社間が100％出資の関係である場合は、実質論でいえば、当該子会社の利害は事実上親会社のそれと同一と解することができる。そのため当該取締役による子会社の代表取締役としての行動を規制する意味はないと解されているからである[*3]。

3＊競業避止義務の規制についての裁判例ではないが、最判昭45.8.20［判例時報605号87頁］は、会社と取締役との利益相反取引が問題となる事案において、当該取締役が会社の全株式を有し、実質的に個人経営であるような場合、実質的には両者間は利益が相反する関係にはないとして、旧商法265条［現会社法356条1項2号・3号、365条1項］の利益相反取引の規制が適用されないと判示している。

17 取締役の競業避止義務違反と会社がとりうる方策

　取締役は会社に対して善管注意義務を負い、かつ会社の機密情報に接しうる地位に鑑みて、会社と競業する取引を行う場合には、会社の取締役会（取締役会非設置会社では株主総会）の承認を得なければならない[会社法356条1項1号、365条1項]。しかし、実際には取締役会等の承認なく、競業取引が行われることがありうる。こうした場合、会社としては以下の3つの方策をとりうる。

1◆取締役の行為の差止め請求

　取締役が会社の目的の範囲外の行為その他法令もしくは定款に違反する行為をし、またはこれらの行為をするおそれがあり、それらの行為により会社に著しい損害を生じるおそれがある場合には、監査役は取締役に対し、当該行為をやめることを請求できる[会社法385条1項]。また、6ヵ月前より引き続きその会社の株式を有している株主も、取締役の会社の目的の範囲外の行為、法令・定款違反の行為により会社に著しい損害（監査役設置会社[会社法2条9号]、監査等委員会設置会社[会社法2条11号の2]または指名委員会等設置会社[会社法2条12号]以外の場合）または回復できない損害（監査役設置会社、監査等委員会設置会社または指名委員会等設置会社の場合）が生じるおそれがある場合には、取締役の行為の差止め請求権を有している[違法行為等差止請求権。会社法360条1項・3項][＊1]。

　なお、上記の「法令・定款違反の行為」でいう法令には、競業取引について取締役会または株主総会の承認を得ることを求めた法令[会社法356条1項1号、365条1項]はもちろん、善管注意義務や忠実義務に関する規定[会社法330条、民法644条、会社法355条]も含まれると解されている。また「差止め請求権」については、株主の場合は単なる権利だが、監査役の場合は、権利であるとともに職責上の権限であり、適切な行使を怠れば監査役自身が任務懈怠の責任を負わされ

1＊非公開会社の場合は、6ヵ月の株式保有の要件はない[会社法360条2項]。

る。この差止め請求権は、必ずしも訴えによることを要しないが、取締役が引き続き違反行為をやめない場合は、訴訟を起こすこととなる。ただし、取締役個人と第三者との競業取引の効力は、仮に上記競業取引が、差止め請求権が行使されたことを無視してなされたものであっても無効となることはないと解されており、この場合、最終的には下記2〔損害賠償請求〕、3〔取締役の解任〕の方策に拠らざるをえない。

2◆損害賠償請求

　会社の取締役が競業避止義務の規制に違反し、取締役会等の承認を得ずに競業取引を行った場合、それだけで法令違反であり、当該取締役は会社に対して損害賠償責任を負う[会社法356条1項1号、365条1項、423条1項]。

　もっとも競業取引の場合、それを行った取締役が利益を得ていることは明確な場合が多いが、それによりどれほどの損害を生じたかは厳格には算定が困難な場合も少なくない。そこで、会社法423条2項は、取締役が取締役会等の承認を得ずして競業取引を行った場合の会社の損害について、上記取引により取締役が得た利益の額と推定することとしている。

　ただし、これはあくまで立証上の困難性を考慮した推定規定であり、会社の側も、取締役の側も、会社の損害額についてより自分の有利に立証することが可能であれば、実際に認定される会社の損害額は増減することとなる。

3◆取締役の解任

　取締役が取締役会等の承認を得ずに競業取引を行った場合、その行為は法令に違反するものであるので、取締役解任の正当事由となり、株主総会は普通決議をもって当該取締役を解任できる。この場合、当該取締役は会社に対し、解任により生じた損害の賠償を請求できない[会社法339条2項]。

　なお、上記の株主総会において当該取締役の解任が否決された場合、6ヵ月前より引き続き総株主の議決権または発行済株式の100分の3以上に当たる株式を有する株主は、当該株主総会の日から30日以内に当該取締役の解任を裁判所に請求できる[会社法854条1項1号・2号][＊2]。

2＊注1と同様である[会社法854条2項]。

18 競業取引の事後承認の効力

　取締役は会社に対して善管注意義務を負っているが、取締役が会社のノウハウ、新技術の情報といった会社の営業秘密に接することが多いことに鑑みて、会社法は、取締役が自己または第三者のために会社と競業する取引（競業取引）を行うときは、取締役会（取締役会非設置会社では株主総会）の承認を得なければならないとしている（競業避止義務[会社法356条1項1号、365条1項]）。上記の取締役会等の承認は、取締役の競業取引の監督という点からは、競業取引の開始に先立って行うのが望ましいことはいうまでもないが、条文上は、事後の承認を禁じる規定はないので、事後承認で足りるか否かが問題となる。

1◆事後承認の可否

　競業取引の事後承認については、これを安易に肯定すれば競業避止義務の趣旨が害されることを根拠に否定する考え方もあるが[*1]、1981（昭和56）年改正前の商法264条では発行済株式総数の3分の2以上の賛成を要件としていた競業取引の承認が、1981（昭和56）年商法改正により取締役会の承認事項となったこと、実際の効用もあること（たとえば、競業取引に先立つ手続きを看過してしまったような場合）等を理由に、おおむね肯定されている。

　なお、取締役会の事後承認につき肯定するとしても、取締役個々人より持ち回りで承認をとるということは、取締役会における協議、検討の場の機会を得ずして競業取引の承認の有無を決定することを意味するものであって、認められるべきではない。

1＊事後承認を許せば、事前承認よりも厳格ではない運営を許し、勝手な競業取引が広がるという危惧がその背景にある。

2◆事後承認の効力

前述**1**項のとおり、競業取引の後になされる事後承認も、一応有効と解するのが一般ではあるが、事前承認を得ていても、競業取引を行った取締役が善管注意義務に違反した場合は、会社に対して損害賠償責任を負うことがあり[会社法423条1項]、この点は事後承認の場合も変わりはない。ただし、この責任は事前承認でも事後承認でも、さらには承認を得なくても、総株主の同意を得た場合には免責される[会社法424条]。現実の問題としては、競業取引の存在を知りつつ取締役会等が事後承認をするような場合は、上記取締役会等としては、問題となった競業取引を不問に付す（当該取締役の責任を追及しない）という意思をともなうことが多いだろう。ただし取締役会等が責任を問題にしないことと、当該取締役が責任を免れることは別の問題である（上述のとおり、責任を免れるには総株主の同意が必要）。

また、事後承認を得たとしても、事後承認を得るまでに行った競業取引については、競業避止義務違反、法令違反の行為であり、当該取締役は会社に対して損害賠償責任を負うこととなり[会社法356条1項1号、365条1項、423条1項]、原則として上記競業取引により取締役が得た利益の額を損害額とする損害賠償責任を会社に対して負う[会社法423条2項]（ただし、損害額については反証も許されることは本書**17**のとおり）。したがって万一、取締役が競業避止義務規制を失念して取締役会等の承認を得ずに競業取引に入ったような場合は、速やかに取締役会等の事後承認を得ることが肝要である。

なお、事後承認もその効力は認められるとしても、上述のとおり、事前・事後の承認を問わず、その後の競業取引について当該取締役に対する善管注意義務違反が問題となった場合、事前の承認を得なかったことが善管注意義務違反認定の一要素として勘案されることは現実的にはありうる。一時的にせよ明らかな法令違反を行っている以上、当然であろう。

19 承認を得た競業取引で取締役が負う義務と責任

　取締役は会社に対して善管注意義務・忠実義務を負うところ、会社の機密情報に接しうる地位に鑑みて、取締役が会社と競業する取引（競業取引）を行う場合には、会社の取締役会（取締役会非設置会社では株主総会）の承認を得なければならない（本書18のとおり、これは事後承認でもよいとされている）。しかし、競業取引を行う取締役は、取締役会等の承認さえ得ていれば責任を免れるということではなく、取締役として会社に対して善管注意義務・忠実義務を負う以上、それに違反することはできず、以下の義務、責任を負う。

1◆取締役会への報告義務

　まず、取締役会設置会社[会社法2条7号]において競業取引をするに至った取締役は、遅滞なく、取引につき重要な事実を取締役会に報告しなければならない[会社法365条2項][*1]。競業取引を行う取締役は、取締役会の承認の有無にかかわらず、会社の機密を利することなく、また、できるだけ会社に損害の生じない方法で競業取引を行うことは、その善管注意義務・忠実義務からの要請であるが、このような取締役会への事後報告の義務を課することで、実際に行われている競業取引が取締役会の承認の際にその承認の前提となったとおりの内容のものか、またその態様に問題はないか（会社機密を利用していないか等）を会社（取締役会）がチェックできるようにしているのである。

　なお、取締役会非設置会社においては、競業取引を行った取締役は、その承認機関である株主総会に対して報告義務は負わないとされている。もっ

1＊この取締役会等の承認には、競業取引の事前の承認と事後の承認とがあるが、事後の承認の場合は、事実上、より任務懈怠が認定されやすいということはあろう（事前に承認を得ないこと自体が、会社のために最善を尽くしているとはいえない）。

とも他の取締役は、競業取引により会社に著しい損害を及ぼすおそれのある事実を発見したときには、株主、監査役（監査役設置会社[会社法2条9号]の場合）、監査役会（監査役会設置会社[会社法2条10号]の場合）、監査等委員会（監査等委員会設置会社[会社法2条11号の2]の場合）への報告義務を負っている[会社法357条1項〜3項]。

　取締役会への報告の結果、競業取引が取締役会の承認を受けていないか、受けていてもその承認の範囲外であることが判明した場合は、後述**2**項のような会社に対する損害賠償責任が問題となり[会社法423条1項]、取締役会において損害賠償請求権行使を検討することとなる。また、取締役（競業取引をした取締役以外の取締役）は、「株式会社に著しい損害を及ぼすおそれのある事実があることを発見したとき」には、ただちに当該事実を株主（監査役設置会社では監査役、監査役会設置会社では監査役会、監査等委員会設置会社では監査等委員会）に報告する義務を負う[会社法357条]。

2◆会社に対する損害賠償責任

　競業取引につき取締役会等の承認[会社法356条1項1号、365条1項]を得なかった取締役は、それ自体が法令違反行為として会社に対して損害賠償責任を負うが[会社法423条1項]、取締役会等の承認を得ていたとしても、競業取引を行う際には、前述**1**項の報告義務を負う[＊1]。したがって、これに違反し、会社に損害が生じたなら、競業取引を行った取締役は損害賠償責任を負うが、取締役会等の承認を得なかった場合とは異なり、競業取引による会社の損害額を当該競業取引により得た利益の額とする推定規定[会社法423条2項]の適用はなく、生じた損害額を、損害賠償請求をする会社側で主張・立証する必要がある。

3◆競業取引に対する免責

　取締役会等の事前または事後の承認を得たことは、競業取引を行う取締役の責任を免責することにはならないが、総株主の同意があれば全責任が免除され[会社法424条]、また会社の損害発生につき善意かつ重過失がない場合には、株主総会の決議により責任が一部免除される[会社法425条1項]。

20 取締役退任後の競業避止特約の効力

　取締役は会社に対して善管注意義務・忠実義務を負い、その表れとして競業避止義務を負っているので、会社の事業と競業する取引（競業取引）を行う場合には、取締役会（取締役会非設置会社では株主総会）の承認が必要とされる。また上記承認を得た場合とそうでない場合とを問わず、競業取引により会社に損害を与えた場合、その損害を賠償する責任を負うことがある。

　しかし、取締役が退任した後は、当該取締役の会社に対する善管注意義務・忠実義務は終了し、競業避止義務も終了する。また、退任後に行う競業取引について会社の承認を得ておく必要もなく、会社に生じた損害も賠償する責任がないのが原則である。しかし、これには若干の例外もみられる。

1◆退任取締役の競業避止義務

　退任した取締役は、取締役に就任していた会社にとっての競業取引も自由になしうるのが原則ではあるが、その自由も民事法の大原則である信義誠実の原則[民法1条2項]の制約を受ける。

　具体的には、判例によると、千葉地松戸支決平20.7.16[金融法務事情1863号35頁]は、株式会社を退任した取締役であっても、取締役の行為の時期や態様に照らして、信義則上、善管注意義務・忠実義務を負うことがあると解し、当該事案においては、そのほとんどが取締役退任後の行為ではあるものの、退任以前より会社の従業員の引抜き、主要な取引先を奪うこと等を企図しており、退任直後から本格的な行動を開始したという経緯により、退任した取締役に損害賠償責任を認めている。

　なお、取締役であった者が退任以前より、別会社と共謀して秘密裏かつ組織的に会社従業員の引抜き工作を実施しつつ、退任直後に別会社に移転入社

するとともに、会社の主要事業部の中枢を担う技術者、営業部長を引き抜いて当該別会社に移籍させたような事案について、東京地判平22.7.7[判例タイムズ1354号176頁]は、当該退任取締役の不法行為責任を認めている[＊1]。

2◆退任後の競業避止特約

取締役が在任中、会社の秘密を知り、競業会社へ移籍したり自ら競業する事業を起こすことは会社にとって脅威となる場合がある。そこで会社としては退任する取締役と、退任後も競業取引を行わない旨を合意（競業避止特約）することがある。このような競業避止特約は、退任取締役の職業選択の自由、営業の自由を害するものでもあるので、公序良俗[民法90条]に反する等の理由で法的に無効とならないかが問題となりうる。

たとえば、東京地判平21.5.19[判例タイムズ1314号218頁]は、当該事案における退任取締役と会社との間では、少なくとも労働者が使用者に対するような従属的関係にあったとは認められず、競業避止特約の定める競業避止義務の内容を公序良俗違反として無効と判断するには慎重でなければならないとしたうえで、主に会社顧客奪取の防止の必要性の大きさ、禁止の期間が退任後2年間と比較的短期であること、制限される業務も会社に必要かつ合理的な範囲に制限されていること、当該退任取締役が在任約4年間の間に報酬として約1億8000万円を受領し、退職慰労金として約1億円を受領していること等の事実関係を勘案し、問題とされた競業避止特約について、公序良俗に違反せず有効としている[＊2]。

しかし、競業避止特約は、あくまで取締役だった者に対するものとはいえ、個人の職業選択の自由、営業の自由を制約するものである以上、無制限に効力が認められるものではなく、結局のところ、前掲東京地裁の裁判例に鑑みれば、競業避止特約の会社側の必要性（当該取締役の地位や立場、秘密保持、

1＊同様に、取締役在任中から会社従業員の別会社への引抜きを行っていた退任取締役につき、損害賠償責任を認めた裁判例としては、東京地判平18.12.12[判例時報1981号53頁]（不法行為責任を肯定）、東京高判平元.10.26[金融・商事判例835号23頁]（旧商法254条の3、266条1項5号により責任を肯定）等がある。
2＊ほかに競業避止特約を有効とした裁判例として東京地決平5.10.4[判例タイムズ975号208頁]等がある。

顧客防衛についての危険性等)、競業避止特約による退任取締役側の不利益(制限する期間、場所、報酬を含めた代償措置の有無や程度)との考量によって、その有効性が吟味されることとなろう。

3◆従業員の競業避止特約

　近時、従業員についても、その退職後の競業避止特約の効力が問題となることが増加している。従業員の場合でも、競業避止特約の有効性はおおむね、会社側の必要性、退職従業員側の不利益[おのおのの具体的内容は前述2項参照]との考量により判断されるが、前掲東京地判平21.5.19も説示するように、取締役の場合に比して、従業員退職後の競業避止特約についてはその有効性は認められにくい傾向にある[＊3]。

3＊競業避止特約を無効とした裁判例として、東京地判平12.12.18[労働判例807号32頁]、大阪地判平15.1.22[労働判例846号39頁]等がある。ただし、従業員のなかでも、執行役員など高位の役職にあり、会社にとって競業取引を禁止する必要性も大きく、在職中に受けていた報酬も多額であったといえるような場合、1年間と解する限りで競業避止条項の合理性が認められた事案である東京地決平22.9.30[労働判例1024号86頁]のように、有効と解する裁判例もある。

21 利益相反取引規制と取締役の責任

1◆取締役の利益相反取引規制とその趣旨

　取締役会設置会社[会社法2条7号]においては、取締役は、会社と取引をする場合、あるいは第三者を代理して会社と取引をする場合、その取引につき重要な事実を開示して取締役会の承認を得なければならない[会社法356条1項2号、365条1項]。取締役会非設置会社にあっては、株主総会の承認が必要である[会社法356条1項2号]。また、会社が取締役の債務を保証すること、その他取締役以外の者との間で会社と当該取締役との利益が相反する取引をする場合も、上述と同様の規制に服する[会社法356条1項3号、365条1項]。なお、会社法356条1項2号により規制される取引を直接取引、会社法356条1項3号に規制される取引を間接取引といい、その2種の取引を総称して利益相反取引という（直接取引と間接取引の内容については[*1]参照）。

　法がこうした利益相反取引の規制を設けている趣旨は、本来、取締役は善管注意義務・忠実義務を負っているところ、取締役が会社との上述のような利益相反取引を自由に行えるようになれば、取締役が会社の利益を犠牲にして自己または第三者の利益をはかるおそれがあるからである。

1＊直接取引とは、取締役と会社とが直接の取引当事者に立つ場合であり、その具体例としては、会社が取締役との間で財産（土地等）の売買を行う場合、会社が取締役に金銭を貸し付ける場合等がある。間接取引とは、取締役と会社とが直接の取引当事者の関係にはないが、当該取引について利益状況が対立する場合のことであり、その例としては、会社が取締役の債務を保証する場合のほかに、取締役の債務につき会社財産を担保提供する場合、会社が取締役の債務を引き受ける場合等がある。間接取引は、取締役が会社と「直接」に取引するわけではないが、当該取締役と会社との間の利益状況が相反するため、利益相反取引の規制対象に含まれるものとされている。

2◆利益相反取引規制の具体的内容

1◆対象となる取締役

　会社法は利益相反取引の主体としての取締役について、特に制限を設けていない。したがって、代表取締役、業務執行取締役はもちろんのこと、役付取締役（専務取締役、常務取締役）、さらには平取締役もその対象に含まれる。本来、特に平取締役等は、会社を代表して取引をすることができない立場の者であるが、会社を代表して取引を行う代表取締役と当該平取締役が示し合わせて会社の利益の犠牲のもとに、利益相反取引を行う危険に鑑みてのものである。

　なお、会社と取締役との利益が相反する状況にあるとき、その他、取締役が業務を執行することにより株主の利益を損なうおそれがあるときは、会社はその都度、取締役会の決議により、社外取締役に業務執行を委託することができる[会社法348条の2第1項]。その典型例は、取締役と会社との利益相反取引である。取締役が自分の所有する不動産を会社に売却するような場合、あるいは「MBO」（Management Buyout：会社の経営陣が自ら会社を買収すること）の場合もこれに当たる。

2◆取締役会等の承認とその後の報告

　取締役は、取締役会等の承認を得ない限りは、利益相反取引を回避すべき義務を負うが[これに違反した場合については後述4項]、取締役会等の承認を得た場合には利益相反取引をなしうる。ただし、競業避止義務の規制の場合と同様に、利益相反取引の後、利益相反取引を行った取締役は、その取引につき重要な事実を取締役会等に報告することが必要である[会社法365条2項]。

3◆利益相反取引の規制が免除される場合

　これまで述べてきたとおり、利益相反取引は原則として取締役会等の承認を受ける等といった規制に服するが、その趣旨は、取締役が会社の利益を犠牲にして自らの利益をはかることを予防する点にあるから、会社と取締役との間に利害の対立が実質的に存在しない場合、あるいは明らかに会社の側に

利益が存するような取引の場合、さらには取引の性質上取締役に裁量の余地がなく会社に不利益が生じるおそれがないような場合には、利益相反取引の規制は免除され、取締役会等の承認は不要となる。具体的な裁判例としては、当該取締役がその会社の全株式を保有していたり、総株主の同意がある場合がみられる[*2]。

　また、取締役が会社に無利子で金銭を貸し付ける場合、会社の債務のために保証をするような場合もこれに該当する。

3◆利益相反取引規制違反と取引の効力

　取締役会等の承認を得ないで取締役が利益相反取引を行った場合、当該利益相反取引の効力は、前述1項の直接取引と間接取引とでは違ってくる。直接取引では、取引当事者は会社と取締役のみであり社外の第三者がおらず、取引安全の保護の必要性がないので、当該直接取引は無効と解される（この点は、取締役会等の承認を得ないで行われた競業取引とは異なる）。これに対し、間接取引では、その取引が取締役会等の承認を受けていないことを間接取引の相手方（社外の第三者）が知っている場合にのみ、会社から当該間接取引の無効を主張しうることとなる[*3]。以上の見解は通常、相対的無効説といわれている。

4◆利益相反取引の責任

1◆取締役会等の承認を得ずに行われた利益相反取引

　会社法356条1項2号・3号、365条1項に違背する以上、当該利益相反取引を行った取締役は、当然に任務懈怠があったこととなり、会社に対して損害賠償責任を負う[会社法423条1項]。直接取引の場合、上記の責任は、当該取締役と会社を代表して利益相反取引を行った取締役とがいるなら、両者が連帯

2＊最判昭45.8.20[判例時報605号87頁]、最判昭49.9.26[判例時報760号93頁]。
3＊最判昭43.12.25[判例時報541号6頁]。なお、約束手形の譲受人に対する効力につき、最判昭46.10.13[判例時報646号3頁]がある。

して負い、間接取引の場合は、会社を代表して当該間接取引を行った取締役が負う。

以上の責任は総株主の同意がなければ免除されることはない[会社法424条]。

2◆取締役会等の承認を得て行われた利益相反取引

このケースも、利益相反取引により会社に損害が生じたときは、当該取締役や会社を代表して利益相反取引の当事者となった取締役は、任務懈怠があれば会社に対して損害賠償責任を負うこととなる[会社法423条1項]。なお、当該取締役、利益相反取引を行った取締役、その利益相反取引について取締役会において承認決議[会社法356条1項2号・3号、365条1項]に賛成した取締役は、任務懈怠が推定されることとなるので、以上に該当する取締役が責任を免れようとすれば、自己には任務懈怠が存しなかったことを主張・立証しなければならない。

損害賠償責任が認められる取締役らは連帯して責任を負う。また、この責任は、総株主の同意がなければ免除することができない[会社法424条]。

なお、取締役会等の承認を得つつ利益相反取引により損害が生じた場合の取締役の損害賠償責任は一応、任務懈怠を要件とするのが原則ではあるが（ただし、上述のとおり推定規定がある）、当該利益相反取引が取締役の自己のためにする直接取引である場合には、任務懈怠が当該取締役の責めに帰することができない事由によるものであっても、会社法423条1項の責任を免れることはできないと規定されており[会社法428条1項]、ほぼ結果責任に近くなっている。

22 利益相反取引規制の当否

　本書**21**で述べたとおり、会社法356条1項2号・3号、365条1項・2項は、取締役が会社と取引をする場合（直接取引の場合）、あるいは会社と当該取締役との利益状況が相反する取引を会社が行う場合（間接取引の場合）には、取締役会の承認を得なければならないとしている（取締役会非設置会社では株主総会の承認）。このような取引を総称して一般に利益相反取引というが、具体的な個々の取引において、利益相反取引に該当するか否か、つまりは取締役会等の承認を要するか否かについての判断が必要となる。

　一般的な基準としては、利益相反取引の規制の趣旨が、会社と取締役との利害が対立する際に取締役が会社の利益を犠牲にして自己の利益をはかることを防ぐ点にあるから、そのような会社と取締役との利益の対立が生じうるか否かにより、利益相反取引の当否を考えることとなる。

1◆利益相反取引に該当する取引

　利益相反取引の該当例としては、通常、以下があげられている。

◆取締役が会社から財産を譲り受けること、または会社に財産を譲り渡すこと（譲渡の価額の高低によって、会社に損害を与えるおそれがあるため）
◆取締役が会社から金銭の貸付けを受けること、または会社に金銭を貸し付けること（取締役が利息を得ることで、会社が損害を被るおそれがあるため）
◆取締役が会社から会社所有建物を賃借すること、あるいは会社に取締役所有建物を賃貸すること（賃料の高低によっては、会社の犠牲のもとに取締役が利益を得るおそれがあるため）
◆取締役の有する実用新案権につき、会社との間で実施権設定契約をするこ

と（使用料の高低によっては、会社が損害を受けるおそれがあるため）

◆会社が取締役個人の債務を保証すること（連帯保証を含む）、引き受けること

◆会社が取締役個人の債務につき、会社所有財産を担保に供すること

◆会社が取締役への債権を免除すること

◆会社が使用人兼務取締役に対して、給与体系に基づかないで使用人としての給与を支払うこと（取締役に対し、定款や株主総会の承認に基づかない報酬を与えることで、お手盛りの弊害が生ずるおそれがあるため[最判昭43.9.3金融・商事判例129号7頁]）

◆会社が取締役に対して負っている金銭債務のために、約束手形を振り出すこと（約束手形振出しによる手形債務は、従来の金銭債務とは異なる債務であるため）

なお、取締役が会社に対して約束手形を振り出すことは、利益相反取引には当たらない。

2◆利益相反取引に該当しない取引

一方、通常、以下の取引については、形式上は利益相反取引に該当しそうに考えられるものも含め、それには当たらないとされている。

◆取締役が自己の財産を会社に贈与すること

◆会社が取締役に対する債務を履行すること

◆取締役が会社に対して無利息、無担保で金銭を貸し付けること[最判昭38.12.6民集17巻12号1664頁]

◆取締役が会社の債務を保証すること、引き受けること（ただし、取締役が保証料をとる場合はこの限りではない）

◆取締役が会社に対する債権を免除すること

◆取締役が会社の財産を法的手続きで競落すること[東京高判昭31.3.5金融法務事情

◆定型的取引（料金等の契約条件が定款で定まっているもの。たとえば保険契約、運送契約等）、会社が設定した定価による会社商品の買入れ等
◆取締役が会社の全株式を保有している場合[本書**21**参照]
◆当該取引が会社の総株主の同意を得ている場合[本書**21**参照]

　いずれも、会社に不利益を生じさせるおそれがないものか、会社の総株主がその取引を了解している場合であり、利益相反取引の規制は問題とならない。

23 取締役の兼務と利益相反取引規制の判断基準

　本書**21**でも述べたように、取締役が会社と取引をする場合（直接取引）、会社が取締役以外の者との間で会社と当該取締役との利益が相反する取引をする場合（間接取引）、取締役会（取締役会非設置会社では株主総会）の承認を得なければならない。しかし昨今は、複数の会社の取締役を兼務する取締役も増えており、また、その複数の会社間において取引がなされることもある。そこで、こうした取締役の兼務の場合、当該取締役とおのおのの会社の利害が対立するおそれがあることから、利益相反取引の規制の有無が問題とされる。

　この場合でも、一般的な判断基準としては、取締役が自己または第三者の利益を優先して会社の利益が害されるおそれがあるか否かにより利益相反取引の当否を検討することとなる。以下、事案を類型化して述べていく。

1◆当該取締役がA社とB社の代表取締役を兼務している

　当該取締役がA社、B社を代表して取引を行うケースとそうでないケースとで分けて考える必要がある。

❶当該取締役がA、B両社を代表して取引を行う

　A、B両社にとって利益相反取引がなされることとなり、A、B両社とも取締役会等の承認が必要となる。上記取引は、当該取締役自身のためにする取引ではないものの、おのおのA社、B社という第三者のために当該取締役が行う取引といえるからである。

❷当該取締役以外に代表取締役がいる

　当該取締役がA社、B社を代表して上記取引を行うか否かで結論が分かれる。

　当該取締役がA社を代表して上記取引を行いつつもB社は別の代表取締役が上記取引を行う場合、A社にとっては利益相反取引に当たらないがB社に

とっては利益相反取引に該当するため、その取締役会等の承認が必要となる（A社を代表して取引をせず、B社を代表して取引を行う場合は、A社の取締役会等の承認が必要となる）。なお、当該取締役がA社、B社双方とも代表して取引をすることがないなら、いずれにとっても利益相反取引に該当しない。

すなわち、ポイントは当該取締役が上記取引に関与するか否かであるが、紛争予防の見地からは、当該取締役の関与の有無を明瞭にするために、取締役会等において当該取締役以外の代表取締役が取引を行うことを議決して、その点を明瞭にした取締役会等議事録を作成することが、実務上の処理としてみられる（これは、下記2〔当該取締役がA社の代表取締役とB社の平取締役を兼務している〕の利益相反取引に該当する場合にも同様）。

❸A社がB社の100％親会社[会社法2条4号]である

上記❶❷のケースにおいて、利益相反取引に該当するような場合でも、A社、B社が100％親子会社の関係にあるときは、A社とB社の利害は実質的に対立するものではない以上、利益相反取引の規制には該当しない（この理は、下記2〔当該取締役がA社の代表取締役とB社の平取締役を兼務している〕の利益相反取引に該当する場合にも同様）。

2◆当該取締役がA社の代表取締役とB社の平取締役を兼務している

B社としては、当該取締役はA社のために自社と取引を行うので、B社において利益相反取引となり、取締役会等の承認が必要である。一方、A社において当該取締役以外にも代表取締役がおり、A社では当該取締役以外の代表取締役がB社との取引を行う場合、B社にとって利益相反取引には該当しない。

なお、A社としては、当該取締役はB社の代表取締役ではなく、B社のために取引を行うわけではないので、利益相反取引の規制には該当しない。

3◆当該取締役がA社とB社の平取締役を兼務している

A社、B社いずれも、当該取締役は相手方の会社を代表することはなく、相手方の会社という第三者のために自社と取引する場合には当たらないため、利益相反取引の規制には該当しない。

24 株式引受けと利益相反取引 の適用

1◆資金調達としての株式引受け行為の重要性

　近年、会社による資金調達の方法は、金融機関からの直接融資のみではなく、新株発行により、株式を引き受けた者（企業を含む）からの資金調達という方法が多くなっている。その一方で現在は、複数の会社が互いに提携し合い、取締役を兼務しているケースも増えていることから、上述のような新株発行、株式引受けが、取締役を兼務している会社間において行われることもある。そこでこのような場合、株式引受けも金員の支出をともなう取引行為である以上、利益相反取引の規制が及ぶかが問題とされることがある。

2◆株式引受けの性格

　株式引受けは、株式を引き受けるとともに出資を履行するものであり、出資には金員の支出をともなう以上、外形的には利益相反取引に該当しうるものである。しかし、株式引受けは、当然ながら募集株式の発行に応じてなされ、募集株式の発行は、募集株式の種類や数量、払込み価額、払込み期日等が株主総会または取締役会の決議において[会社法200条1項・3項、201条]均等・画一的に定められるので、取締役の裁量により会社の利益が害されることは考えにくい[*1]。これに鑑みると、株式引受けをめぐる利益相反取引の規制の適用は、次のように分けて考える必要がある。

1◆取締役が在任している自社の募集株式を引き受ける

　取締役が自己のため、もしくは第三者のために、自社の募集株式を引き受

1＊増資のための新株引受契約ならびにその引受契約に対する現物出資の給付契約は、旧商法256条[会社法356条1項]に違反しないことは、福岡高判昭30.10.12[判例時報66号20頁]でも判示されている。

けることとなるが、前述のとおり、取締役が株式を引き受ける条件（払込み価額等）は、すでに株主総会または取締役会にて決まっており、取締役の裁量の働く余地はないので、会社と当該取締役との間には利害の対立する状況にはなく、利益相反取引の規制は働かないと解するのが一般である。

2◆取締役が在任している会社が別会社の募集株式を引き受ける

❶原則

前記1〔取締役が在任している自社の募集株式を引き受ける〕の事案とは逆に、募集株式は取締役が在任している会社の株式ではなく、別会社の株式であり、その募集株式の発行の条件（払込み価額等）は、別会社において決定されたものである。この場合、その取締役が別会社の代表取締役を兼務していれば[＊2]、上記の株式引受けは、会社としては、当該取締役が第三者（別会社）のためにする株式募集を引き受けることとなり、利益相反取引に該当する。

なお、この場合、引受けの条件（募集株式の種類や数量、払込み価額、払込み期日）によっては、会社の利益を害することはいうまでもない。したがって当該取締役としては、会社の取締役会の承認を受ける必要がある[会社法356条1項2号・3号、365条1項]（取締役会非設置会社においては株主総会の承認が必要となる）。

❷取締役在任の会社と募集株式発行の別会社が親子会社の関係にある

基本的には前記❶の理が妥当する。たとえ親子会社であっても、片方の犠牲のもとに他方の利益をはかることは許されないからである。ただし、100％資本関係を有する親子会社であれば、両社の利害が対立するところはないため、利益相反取引の規制を及ぼす必要はなく、結局、取締役会等の承認は不要と解されている。

2＊実務としては、親会社[会社法2条4号]の取締役が子会社[会社法2条3号]の代表取締役を兼務している状況下において、子会社の募集する株式を親会社が引き受けるという事例が多々みられる。

25 利益相反取引規制と継続的取引、取締役就任以前からの取引

　本書21等でも述べたように、取締役は、自己が会社と取引をする場合、あるいは第三者を代理して会社と取引する場合、取締役会設置会社[会社法2条7号]であれば、その取引につき重要な事実を開示して、取締役会の承認を得なければならず[会社法356条1項2号、365条1項]、取締役会非設置会社の場合は、株主総会の承認が必要となる[会社法356条1項2号]。この原則からすれば、取締役が会社と取引を行う場合、個々の取引ごとに取締役会等の承認を得なければならないが、そこで行われる取引が、一つひとつは個々の取引であっても一定の期間継続的に繰り返される取引である場合や、取締役に就任する以前に開始され継続している取引である場合もある。このようなときに、個々の取引ごとの承認、あるいは取締役の就任を契機として、改めての承認が必要となるかが問題となる。

1◆継続的取引と利益相反取引規制

　上述のような継続的取引の場合、取引の期間、種類、数量、金額等が特定していれば、継続した取引を一体として、取締役会等の承認を受けることが可能と解されている。実務上、多くみられる事案としては、会社の取締役が会社の提携先の別会社の代表取締役に就任し、その別会社の代表取締役として会社と取引を行うといったものである。継続的取引の場合にそれを個々の取引に分解して逐一取締役会等の承認を要するとすることは実務上煩瑣であることに加えて、継続的取引の重要な部分が特定されている場合には、それを一体として取締役会等の承認を得させても、利益相反取引の規制の趣旨(取締役会等の承認を通して、会社の利益を保護する)を守れることがその理由であると思料される。この場合、一体として取締役会等の承認を得た以上、た

とえば取引目的物の引渡し、代金の支払いといった行為は、あくまで取引により生じた債務の履行にすぎないので、取締役会等の承認を得る必要はない。

ただし、あくまで、取締役会等の承認は個々の取引ごとになされることが原則であり、前述のような例外は、利益相反取引の規制の趣旨を害さない範囲に限られるべきであるから、たとえば取締役が行う一切の利益相反取引をあらかじめ承認するといった、いわば白紙委任的な承認の方法はもちろん、取締役会等において承認する際に開示される事実（取引の期間、種類、数量、金額等）が不明瞭であり、取締役会等における判断にとって開示された事実が不十分な場合は、取締役会等の承認は許されず、仮にそのような場合に取締役会等の承認を得たとしても、その承認は法的に無効であり、当該利益相反取引も取締役会等の承認を得ずに行われたものとして扱われる（その場合に生じる取締役の責任については、本書**21**を参照されたい）。

なお、継続的取引を一体とみて取締役会等の有効な承認を受けた場合であっても、取締役会等の承認の前提となった継続的取引の内容（期間、種類、数量、金額等）に変更が生じたときは、改めて取締役会等の承認を得なければならない。取締役会等の承認が有効なのは、あくまで、当該取締役会等の判断を前提とした事実関係（当該取締役会等において開示された事実関係）の範囲内であるからである。なお、この継続的取引の内容が変更となった場合、仮に継続的取引開始の時点で利益相反取引であったとしても、継続的取引の内容変更の時点で利益相反取引に該当しなければ、その時点での取締役会等の承認は不要となる[*1]。

2◆取締役就任以前からの取引

たとえば、取締役に就任する前に会社の使用人であった者が、会社との間で継続的取引を行っていたところ、その使用人が取締役に就任したような場合に、取締役会等の承認を要するか否かが問題となることがある。しかし、

1＊たとえば、継続的取引開始時には、会社の取締役が取引先会社の代表取締役を兼任していたところ、取引内容の変更時には、当該取締役が取引先会社の代表取締役を退任している、といった事案が考えられる。

前述のような事案では、当該取締役がいまだ取締役ではなかった継続的取引開始の時点において、すでに会社としては取引開始の判断がなされており、当該取締役が会社の利益を犠牲に自らの利益をはかるような取引を生じさせるおそれはないので、取締役会等の承認は必要ないと解されている。むろん、取締役就任後に取引内容が変更されるような場合には、その時点において取締役会等の承認を要することは、前述**1**項と同様である。

26 利益相反取引における事後承認の効力

1◆利益相反取引規制における取締役会等の承認（原則論）

　取締役が会社との間で行う取引（直接取引）や、会社がその取締役以外の者との間で行う会社と当該取締役との利益が相反する取引（間接取引）といった利益相反取引を行うには、取締役会設置会社[会社法2条7号]では取締役会の、取締役会非設置会社では株主総会の承認を得なければならない[会社法356条1項2号・3号、365条1項]。この取締役会等の承認は、利益相反取引を取締役会等の承認にかけることを定めた趣旨（利益相反取引により会社の利益の犠牲のもと取締役の利益をはかることの防止）に鑑みれば、事前の承認が原則とされ、取締役会等の承認を得ない利益相反取引は、私法上も原則として無効と解されている[*1]（競業取引の場合との違いに留意されたい）[本書18参照]。

　この取締役会等の承認を得ない利益相反取引は会社法356条1項2号・3号に違反する行為であり、利益相反取引を行った取締役（たとえば、直接取引の場合は会社の代表取締役とその取引相手方の取締役）は、法令違反行為を行ったものとして、会社が損害を被った場合はその損害を賠償する責任が生じる[会社法423条1項]。また、取締役会等の承認なき利益相反取引は法令違反行為である以上、取締役の解任事由[会社法339条2項]にも該当する。

　しかし、実務においては利益相反取引の解釈について当事者に誤解があったり、あるいは単純に取締役会等の承認の手順を失念したりして、事前の承認を得ないで利益相反取引を開始してしまうことがある。このような場合で

1＊間接取引においては、第三者の悪意（当該取引が利益相反取引に該当しかつ取締役会の承認を受けていないことを知っている）を主張・立証して初めて会社は第三者に無効を主張できる[最判昭43.12.25判例時報541号6頁]。

も、会社の利益保護という見地からは、たとえ事後でも当該利益相反取引について取締役会等の監督にかからしめるほうが望ましいが、その承認の効力につき、事前の承認の場合との異同が問題となる。

2◆事後承認の効力とその時間的制限

前述**1**項の利益相反取引規制の趣旨からすれば、取締役会等の承認は事前であることが原則となるが、事後であってもまったくその趣旨を果たすことができないわけではない（当該取引が特に会社に損害を及ぼすようなものではない場合）。したがって、事後の承認といえどもこれを無効と解するのは妥当ではなく、会社法356条1項2号・3号の承認には事後の承認も含まれ、事後承認を受けた利益相反取引はその取引の初めから有効なものと解される[＊2]。

このような事後承認は、それまで無効だった利益相反取引を遡って有効とすることから、いつまでもその余地を認めるのは取引の安定性の見地からも好ましくなく、時間的制限を設けるのが妥当とされている。利益相反取引の追認は、民法上の無権代理行為の追認[民法113条]と解され、無権代理行為の追認の制限を規定している民法114条の適用を受けるものとされている。すなわち、利益相反取引の会社の相手方である取締役（自己取引の場合）や第三者（間接取引の場合）は会社に対し、相当の期間を定めてその期間内に事後承認を行うか否かを回答するよう催告ができ、回答がなければ事後承認を拒絶したものとみなすことができると解される。この手続きがなされ、事後承認が拒絶されたとみなされた後には、取締役会等の事後承認は認められない。

このように、事後承認は、利益相反取引を私法的効力としては遡及的に有効となしうるが、取締役の責任については、それを遡及的に免責させるものではない。すなわち、仮に取締役会等の事後の承認があったとしても、利益相反取引がなされたという事実がなくなるわけではなく、また取締役会等の意思としても、当該利益相反取引の効力と取締役への免責とを必ずしも一致させなければならない理由はない（通常、区別して考えられる）からである。

2＊裁判例も同旨である[東京高判昭34.3.30金融法務事情206号5頁]。

27 違法配当の責任

　会社法は、会社財産の不当な流出を防止するため、株主に対して、同法に定められている分配可能額を超えて剰余金の配当を行うことを禁じており[会社法461条1項8号]、分配可能額を超えてなされた剰余金の配当を違法配当という（分配可能額は、会社法446条に基づき計算された剰余金を基準に、会社法461条２項に定める項目の金額を加除した金額となる）。

　違法配当に関して責任を負う可能性があるのは、取締役、配当を受けた株主および従業員である。

1◆違法配当に関与した取締役の民事上の責任

1◆責任を負う可能性のある取締役

　違法配当が行われた場合、以下の取締役は民事上の責任を負う可能性がある。なお、責任を負う取締役が複数の場合、会社に対して連帯して責任を負うことになる[会社法462条1項柱書]。

◆剰余金の配当による金銭等の交付に関する職務を行った取締役および執行役[会社法462条1項柱書、会社計算規則159条8号イ]
◆剰余金の配当についての株主総会決議があった場合[会社法454条1項]の、当該株主総会に議案を提案した取締役[会社法462条1項6号イ]および当該株主総会において剰余金の配当に関する事項について説明をした取締役および執行役[会社法462条1項柱書、会社計算規則159条8号ロ]
◆剰余金の配当についての取締役会決議があった場合[会社法459条1項4号、454条1

項・4項・5項]の、当該取締役会に議案を提案した取締役[会社法462条1項6号ロ]および当該取締役会において剰余金の配当に賛成した取締役[会社法462条1項柱書、会社計算規則159条8号ハ]［＊1］

◆分配可能額の計算に関する報告を監査役または会計監査人が請求した場合における、当該請求に応じて報告をした取締役および執行役[会社法462条1項柱書、会社計算規則159条8号ニ]

2◆責任の範囲

❶金銭による配当がなされた場合

前記1〔責任を負う可能性のある取締役〕に該当する取締役は、分配可能額を超えた部分のみならず、配当された金銭全額を会社に対して支払わなければならない[会社法462条1項柱書]［＊2］。

❷現物による配当がなされた場合

同じく前記1〔責任を負う可能性のある取締役〕に該当する取締役は、交付を受けた現物の帳簿価額に相当する金銭全額を会社に対して支払わなければならない[会社法462条1項柱書]。なお、現物の帳簿価額は、会社法には規定がないため会計基準により算定される。

3◆免責の要件

❶全額の免責を受けられる場合

職務を行うに際して注意を怠らなかったことを取締役側が証明できれば、取締役は責任を免れることができる[会社法462条2項]。単に配当が分配可能額を超えることを知らなかっただけではなく、任務懈怠がなかったことを立証できなければ、取締役は免責を受けることができない。

❷一部免責を受けられる場合

総株主の同意があれば、行為時における分配可能額を超えない部分については、取締役は責任を免れることができる[会社法462条3項]。

1＊取締役会決議に参加した取締役で議事録に異議をとどめなかった者は、その決議に賛成したものと推定されるので[会社法369条5項]、注意が必要である。

2＊分配可能額を超える配当はそれ自体が無効とされていることから、超過分のみならず全額を返還させると定めているものと解されている。

4◆違法配当を受けた株主との関係

違法配当を受けた株主は、会社に対しては、交付を受けた金銭等の帳簿価額に相当する金銭を支払う義務を負うこととなり[会社法462条1項柱書]、また、会社の債権者は、自分の持つ債権額の範囲で、会社に代位して会社の株主に対する上記金銭支払い請求権を行使できる[会社法463条2項]。

取締役が責任を負う場合、違法配当を受けた株主と取締役は、会社に対して連帯して金銭支払い義務を負うことになる[会社法462条1項柱書]。取締役が責任を履行した場合には、その取締役は分配可能額を超えることを知って配当を受領した株主に対してのみ、求償ができる[会社法463条1項]。

2◆違法配当に関与した取締役の刑事上の責任

違法配当を行った取締役は、会社法963条5項2号、同条1項、960条1項3号に基づき5年以下の懲役（筆者注：法改正により2025〔令和7〕年6月16日までに「拘禁刑」に改められる）もしくは500万円以下の罰金またはこれらの併科という刑事罰を受ける可能性がある。

しかし刑事責任については、過失犯も処罰する旨の定めがある場合を除き、故意にその行為を行った者にのみ発生し、違法配当罪には過失犯を処罰する旨の定めはない。当該取締役が分配可能額を超える配当であることを知らないときは、そのことにつき任務懈怠が認められ、民事上の責任を負う場合であっても、そもそも違法配当の故意はないと考えられるので、刑事上の責任を負うことはないと考えられる。

3◆違法配当に関与した従業員の責任

従業員が営業実績をよくみせるために架空の売上げを計上したことにより計算上の分配可能額が水増しされ、結果として会社が現実の分配可能額を超えて配当を行ったような場合、従業員は違法配当に関与したことになる。

従業員は会社に対し、雇用契約上の労務提供義務を履行する際、信義に従い誠実に行わなければならない[労働契約法3条4項参照]。このなかには法令に従い

労務を提供することも含まれていると考えられ、違法配当は法令に反し信義誠実に反する行為であることから、会社は当該従業員に対し、雇用契約に基づく債務不履行責任および不法行為責任を問うことが可能と思われる。また、事案によっては、懲戒処分を科すことも可能である。

28 粉飾決算の民事上の責任

　粉飾決算とは、たとえば会社の財務状況を実態よりもよくみせることにより、銀行から信用を得て融資を受ける等の目的で、会社の財務状況を示す貸借対照表や損益計算書等の計算書類に利益や資産を水増しして計上する等、計算書類に現実とは異なる財務状況を記載することを指す[＊1]。

　ところで、会社は適時に正確な会計帳簿（仕訳帳や伝票等）を作成しなければならず[会社法432条1項]、計算書類はこの会計帳簿に基づいて作成しなければならないことから[会社法435条2項、会社計算規則59条3項]、計算書類についても当然、正確な損益・資産状況を示す内容でなければならない。粉飾決算は不正確な計算書類を作成することであり、法令違反の行為であるため、会社に対する任務を懈怠したものとなる。たとえば、役員の報酬等について水増しされた利益を基準に算定された場合には、粉飾決算により会社に損害が生じて損害賠償責任を負う可能性がある[会社法423条1項]。

　なお、粉飾決算により、計算書類における利益配当としての分配可能額が現実よりも増加し、その結果として違法配当が行われたような場合には、取締役には違法配当についての責任が発生する可能性がある[本書27参照]。

　なお、違法配当に関与した取締役の刑事上の責任、従業員の責任については、本書27のとおりである。

1＊脱税などの目的で利益や資産を現実よりも少なく記載することも、現実の財務状況と異なるという点では相違ないので、広い意味では粉飾決算に含まれる。

29 株主総会出席者への茶菓子提供と利益供与

1◆利益供与の禁止

　会社法には、いわゆる総会屋[*1]対策として、株主の権利の行使に対する利益供与を禁止する条文がある[会社法120条1項]。本条項には、「株式会社は、何人に対しても、株主の権利、当該株式会社に係る適格旧株主（第847条の2第9項に規定する適格旧株主をいう。）の権利又は当該株式会社の最終完全親会社等（第847条の3第1項に規定する最終完全親会社等をいう。）の株主の権利の行使に関し、財産上の利益の供与（当該株式会社又はその子会社の計算においてするものに限る。以下この条において同じ。）をしてはならない」と定められているため、株主総会出席者への茶菓子や土産の提供、日当や交通費の支払い等も株主に対する利益供与に該当するか否かが問題となる。

　株主総会は、株主としての権利である議決権行使のために出席するものであるため、株主総会の出席は形式的には「株主の権利の行使に関し」に該当する。また、茶菓子や土産、日当、交通費が厳密には「財産上の利益」に該当することも否定できない。

　しかし、利益供与が禁じられている趣旨は、株主としての権利行使への不当な影響や、会社財産の浪費を防ぐためであり、これらの観点に鑑みて、株主としての権利行使に不当な影響を与える目的ではなく、かつ社会通念上許される程度の金額にとどまり会社の財産的基礎に影響を及ぼすものでなければ、利益供与には該当しないと考えられている。

1＊いわゆる総会屋とは、会社から金銭を得る目的で株式を取得して、会社に対し株主総会に出席して混乱させること等をほのめかし、不当な金品の収受またはそれを要求する株主のこと等をいう。

◆茶菓子、土産：茶菓子であれば数百円、土産は数千円程度であれば、基本的には社会通念上許される金額と考えられるが、裁判例では、議決権を行使した者（株主総会への出席に限らず、代理行使等の方法も含む）に株主1名につき500円分のQUOカードを交付した事案において、会社提案へ賛成する議決権行使の獲得という不当な目的のために行ったと認められる旨を判示して、利益供与に該当するとしたものがあり[東京地判平19.12.6判例タイムズ1258号69頁]、金額の多寡のみで判断されるものではない

◆交通費：株主総会開催場所が駅から離れている等で、貸切バスを用意したりタクシー代を支給する程度であれば、社会通念上許される

◆日当：株主総会へ出席し議決権を行使することは、株主の権利であり義務ではないことからすると、株主総会出席者に日当を支払うことには理由がなく、金額の多寡を問わず社会通念上許されない。社員株主についても、業務命令により株主総会の運営等の業務のために出席する場合を除き、出勤扱いとすることは社会通念上許されない（なお、従業員がその意思で年休を取得して出席することは問題ないであろう）

2◆利益供与に関する取締役の責任

利益供与に関連して責任を負う取締役は以下のとおりであり[会社法120条4項]、責任を負う取締役は連帯して、供与した利益の価額相当額を会社に支払わなければならない[同条項][*2]。また、利益供与を行った取締役は3年以下の懲役（筆者注：法改正により2025〔令和7〕年6月16日までに「拘禁刑」に改められる）または300万円以下の罰金に処せられる[会社法970条1項、960条1項3号]。

◆利益を供与した取締役および執行役[会社法施行規則21条1号]
◆利益供与が取締役会の決議に基づいて行われた場合、その決議に賛成した取締役[同条2号イ]およびその議案を提案した取締役および執行役[同条2号ロ]
◆利益供与が株主総会の決議に基づいて行われた場合、その議案を提案した

2＊総株主の同意により免除されることがある[会社法120条5項]。

取締役[同条3号イ]、議案の提案の決定に同意した取締役[同条3号ロ]（ただし取締役会設置会社の取締役を除く）、議案の提案が取締役会の決議に基づき行われた場合に、その取締役会の決議に賛成した取締役[同条3号ハ]および株主総会において議案の内容を説明した取締役および執行役[同条3号ニ]

30 利益供与に該当する取引

　会社法120条1項は、「株式会社は、何人に対しても、株主の権利、当該株式会社に係る適格旧株主（第847条の2第9項に規定する適格旧株主をいう。）の権利又は当該株式会社の最終完全親会社等（第847条の3第1項に規定する最終完全親会社等をいう。）の株主の権利の行使に関し、財産上の利益の供与（当該株式会社又はその子会社の計算においてするものに限る。以下この条において同じ。）をしてはならない」と定めており、利益供与を禁じている。このため一見、通常の取引と考えられる場合でも、会社法の禁じる利益供与に該当することがある。

1◆安価での不動産等の売却

　不動産を株主に対して相場よりも安価で売却することは、財産上の利益を供与することになるから、「株主の権利の行使に関し」行われた取引であれば、会社法120条が禁じる利益供与に該当する。

　売却価格が市場価格を著しく下回る場合には、会社が受ける利益は株主が受ける利益よりも著しく少ないこととなるので、会社法120条2項後段により、「株主の権利の行使に関し」行われたものと推定される。つまり、利益供与の責任を問われている側（取締役等）が、その取引が株主の権利の行使とは関係ないことを証明しなければならない。

　売却価格が市場価格を著しく下回るとまではいえない場合には、上記の推定規定は働かず、利益供与の責任を追及する側が、その取引が「株主の権利の行使に関し」行われたことを積極的に証明しなければならない。しかし、市場価格よりも低い価格で売却すること自体、通常は経営判断として不合理なことからすれば、相手が株主であることに着目し、ひいては株主としての権利行使に影響を与える目的で低い価格により売却したのではないかと考え

られるものであり、結局は利益供与の責任を問われている側（取締役等）が、低い価格で売却した別の合理的な理由（相手が株主だから低い価格で売却したのではなく、長期的にみて大幅な値下がりのリスクがあり、早期に売却したかったので売却先を探したところ、当該株主のほかにはいなかった等）を主張立証しなければ、利益供与に当たると判断される可能性がある。

2◆株主からの株式の買取り

会社が自社の株式を株主から買い取ること自体は、自己株式の取得手続きを踏めば可能である。しかし、当該株式の市場価格と比して著しく高額で買い取るような場合には、会社法120条2項後段により「株主の権利の行使に関し」なされたものと推定される（まさに総会屋がこれに当たり、このような取引を行わせないことが、利益供与の禁止規定が設けられた理由でもある）。

また、会社の現経営陣にとって友好的な株主に依頼して、敵対的な株主から株式を買い取ってもらった場合には、それだけでは「会社の計算において」したものとはいえず、利益供与にならないが、この友好的な株主に対して会社が資金を供与した場合等については、「会社の計算において」なされたものとして、利益供与に該当する。

3◆大株主に対する贈答、大株主を招いての会食

会社としては、会社を所有する大株主との関係を良好に保ちたいと考えることは当然であり、そのために中元、歳暮などの贈答を行ったり、会食の機会を設けることは、社会通念上の儀礼の範囲内であれば利益供与に該当するものではない。

ただ、儀礼の範囲を超えた高額な贈答品や、不必要に豪華な宴席は、「株主の権利の行使に関し」行われたものと判断される可能性がある。なお、株主平等の原則[会社法109条]との関係においては、同原則は、各株主の所有する株式数に応じた取扱いを認めるものであることから、大株主だけに対して贈答等を行っても、社会通念上の儀礼の範囲内であれば、同原則に違反することにはならない。

4◆株主優待制度

　多くの会社で、株主を獲得し保有を継続してもらうため、一定数以上の株式を持つ株主には自社製品等を交付する株主優待制度が設けられている。これも、交付の基準が量や金銭的価値に鑑みて社会通念上相当の範囲であれば、利益供与には該当しないと考えられている。

31 | 利益供与に関与した者の刑事上の責任

1◆利益供与に関する刑事責任の定め

会社法では、株主の権利の行使に関して財産上の利益を供与することを利益供与罪として罰する旨が定められており、3年以下の懲役（筆者注：法改正により2025〔令和7〕年6月16日までに「拘禁刑」に改められる）または300万円以下の罰金に処せられることになる[会社法970条1項]。

1◆主体

取締役をはじめ、監査役、執行役、その職務代行者、支配人その他の使用人等が利益供与行為を行った場合に処罰の対象となる[会社法960条1項3号～6号、970条1項]。なお、株主についても、事情を了解のうえで利益の供与を受けた者（第三者に供与させた者も含む）として[会社法970条2項]、また利益供与を要求した者も[同条3項]、それぞれ処罰の対象となる。

2◆「財産上の利益」

利益供与が会社法上禁止されているのは、会社財産の浪費を防止するためであることから、財産上の利益は会社財産に限られ、たとえば取締役が自己のポケットマネーを交付したような場合には、「財産上の利益」には該当しない（ただしそのような行為を行う者が取締役として適任かは別問題である）。

2◆「株主の権利の行使に関し」の立証責任

利益供与罪が成立するためには、「株主の権利の行使に関し」利益が供与されたことが必要であり、「利益の供与」が「株主の権利の行使」に影響を与える目的で行われたものでなければならない。たとえば、株主総会において特定の取締役を選任させるために議決権を行使させる等である。

このような「株主の権利の行使に関し」という目的による利益の供与であるか否かについて、民事上の責任に関しては、会社が特定の株主に無償で財産上の利益を供与したときには、株主の権利の行使との関係があるものと推定する旨の定めがあり[会社法120条2項前段]、両者に関係がないことを主張する側（利益供与を行ったとされている取締役等）が、積極的に両者に関係がないことを立証しなければならない。しかし、刑事上の責任については無罪の推定が働いており、「会社が特定の株主に対して無償で財産上の利益の供与をしたとき」に該当する場合であっても、同条の立証責任に関する定めは適用されず、両者に関係があることを主張する側の検察官が積極的に両者に関係があることを立証しなければならない[詳細は本書29、30参照]。

裁判例においては、いわゆる総会屋42名に対し株主総会の議事の混乱を避ける目的で計4635万円の金銭を供与したものとして、総務部長ら４名に執行猶予付きの有罪判決を下したものがある[麒麟麦酒利益供与事件・東京地判平5.12.27資料版商事法務123号126頁]。

3◆株主等の権利の行使に関する贈賄罪

総会屋は通常、会社に対し金銭を要求し、会社が金銭を支払わなければ自らの発言等により株主総会の議事進行を妨害するものであるが、総会屋のなかには会社から金銭等を受け取ることで、株主総会において他の株主の発言等を妨害する者もいる。取締役としても、他の株主から株主総会で自らの経営上の失策や不正行為等を追及される可能性がある場合、このような総会屋に金銭を渡し、その力で他の株主からの追及を押さえ込みたいと考え、他の株主の発言や議決権行使を妨害するよう総会屋に依頼することがある。

このようなケースは、取締役から他の株主の発言や議決権行使を妨害するとの「不正の請託」があったものとして、株主等の権利の行使に関する贈賄罪に問われる可能性があり、５年以下の懲役または500万円以下の罰金という、利益供与罪に比して重い罪に問われる[会社法968条2項]。なお、株主の側も処罰の対象となる[同条1項1号]。

32 経営判断の原則

1◆経営判断の原則の必要性

　企業が事業を行い利益をあげるためには、時には失敗のリスクをともなう決断が必要であることはいうまでもないが、そのような決断を行い、結果的に失敗に終わった場合に、失敗によって発生した損害を常に取締役が負わなければならないとすれば、取締役は萎縮して失敗のリスクをともなう決断を行わなくなり、ひいては企業の発展を妨げることになりかねない。

　取締役は、会社の業務執行に際して、善管注意義務・忠実義務を負っており、この義務に違反する場合には、取締役は会社に対して損害賠償責任を負うことになるが、上記のような趣旨から、経営判断の失敗がこれらの義務違反に該当するかについては、取締役の経営判断を尊重しつつ判断すべきと解されている[最判平22.7.15判例時報2091号90頁、東京地判平5.9.16判例時報1469号25頁等]。そもそも、経営の専門家ではない裁判官が、経営の専門家である取締役の経営判断の是非を事後的に厳しく審査することにより、責任の有無について客観的に適正な判断がなされるとは必ずしもいえないからである。

2◆判断の枠組み

　経営判断の失敗により会社が被った損害につき、会社から取締役に対する損害賠償が請求された裁判例において、裁判所は、前述1項の観点から、その経営判断の意思決定過程や内容に著しく不合理な点がない限りは善管注意義務違反や忠実義務違反とはならないと判示しており、これは一般的に「経営判断の原則」と呼ばれている。

　なお、同様の問題について、アメリカではBusiness Judgement Ruleとい

う判断枠組みが判例によって認められているが、この枠組みは、当該取締役と会社の間に利害対立があるか否か、および意思決定過程に不合理性があるか否かのみを判断し、経営判断の内容の合理性については一切踏み込まないこととしている。その大まかな趣旨は日本における経営判断の原則と同じと思われるが、日本では経営判断の内容についても一応の合理性判断をするところに若干の違いがあると考えられている。

3◆経営判断の原則による判断の具体例

1◆善管注意義務・忠実義務違反が認められる場合

　取締役が法令を遵守して職務を遂行しなければならないことはいうまでもないことであり、法令に違反する経営判断については経営判断の原則によっても善管注意義務・忠実義務違反が認められる。

　また、経営が危機的状況にあった不動産会社に対して無担保債権を有するに至った銀行が、当該不動産会社の求めに応じてさらなる追加融資を行った事案で、最高裁が善管注意義務・忠実義務違反を認めたものがある[最判平20.1.28判例時報1997号143頁]。これは、当該銀行が当該不動産会社に担保提供を求めたが、当該不動産会社より追加融資を条件に担保提供に応じる旨を強く主張され、担保として提供される予定であった不動産についての鑑定を行ったところ、追加融資分も回収できる程度の担保価値があるとの結果だったことを根拠に追加融資に応じた事案であるが、その不動産鑑定士による鑑定結果が明らかに実態とかけ離れたものだったことから、そのような鑑定結果を根拠に判断を行ったことは著しく不合理であると判示されている。

2◆善管注意義務・忠実義務違反が認められない場合

　他方、たとえば事業再編にともない子会社[会社法2条3号]の株式を買い取ったことに関し、買取り額を当時の評価額よりも明らかに高額であるところの設立時の払込み金額と同額としたことについて、最高裁は善管注意義務違反を認めなかった事案もある[最判平22.7.15判例時報2091号90頁]。これは、具体的な買取り額が1株5万円であったのに対し、同じ株式について株式交換[会社法2

条31号]のために監査法人において株式評価額を算定したところ１万円未満であり、また別の監査法人で株主資本価値を算定したところ最大でも２万円未満だったという事案であるが、最高裁は、事業再編の効果（筆者注：具体的には、シナジー効果〔単体で得られる以上の相乗効果〕として、管理部門の統合による経費削減や流通経路等の統合による販売促進等）による企業価値の増加が見込まれたことや設立から５年が経過しているにすぎないこと、買取りを円滑に進める必要性があったこと等から、買取り額が著しく不合理であるとは認められず、また弁護士の意見を聴取する等意思決定の過程についても不合理な点は認められないと判示し、原判決を破棄し、取締役の責任を否定している。

33 会社に対する責任と任務懈怠、過失

1◆任務懈怠および過失責任の原則

　取締役の会社に対する責任に関しては、一般的な任務懈怠の場合について会社法423条1項に定めがある。この任務懈怠責任は、任務懈怠のほかに、取締役の過失も要件と解されている[*1]。

　通常、取締役に対し任務懈怠の責任を問う場合には、責任を問う側が取締役に任務懈怠があること、過失があること等を立証しなければならないと考えられているが、会社法の定めにより、取締役に任務懈怠があったことが推定されたり、あるいは過失を要しないとされていたり（無過失責任）、過失があったことが推定されたりすることがある。なお、上記のうち、任務懈怠や過失があったことが推定されている場合は、取締役の側が任務懈怠や過失がなかったことを立証しなければならない場合がある（立証責任は具体的には、裁判で取締役の責任の有無が争われた事案について、「任務懈怠や過失があったのかなかったのか、証拠上明らかではない場合」に、立証責任を負っている側の主張が認められないというところで結論に違いが生じる）。

2◆任務懈怠が推定される場合[会社法423条3項]

　会社法423条3項1号〜3号では、取締役が会社法356条1項2号（取締役が自己または第三者のために会社と取引したとき）または同条項3号に定める

1* 「任務懈怠」と「過失」の関係は、これらを区別しない見解もあるが、取締役が会社法423条1項の責任を免れる場合について規定した会社法428条1項は、「任務を怠ったこと」と「責めに帰すること」を分けて記載しており、責任を問うためには、任務懈怠と過失の両方が必要であると考えるのが妥当である。葉玉匡美編著『新・会社法 100問〔第2版〕』（ダイヤモンド社、2006年）360頁以下、田中亘著『会社法〔第3版〕』（東京大学出版会、2021年）288頁以下参照。

取引（会社が取締役以外の者との間で、当該取締役と利益の相反する取引をしたとき）を行い、会社に損害が発生した場合、①直接取引の相手方である取締役または執行役、間接取引において会社と利益が相反する取締役または執行役、②会社がその取引を行うことを決定した取締役または執行役、③その取引に関する取締役会の決議に賛成した取締役には、任務懈怠があったと推定される。

3◆無過失責任となる場合

前述**1**項の原則にもかかわらず、以下の場合、会社法上、過失がなくても責任が問われる場合がある。

❶会社法428条1項

取締役が行った、会社法356条1項2号に定める取引（ただし、取締役が「自己のために」会社と直接取引をした場合に限る）については、この取引により会社に損害が生じた場合には無過失責任を負う。

❷会社法120条4項但書

取締役が利益供与を行い、会社に損害が発生した場合、利益供与を実際に行った取締役については無過失責任を負う。

4◆過失の存在が推定される場合

❶会社法120条4項

取締役が利益供与を行い会社に損害が発生したときは、以下の者には過失があったと推定される。なお、同じ利益供与の場合でも、前述**3**項❷は、無過失責任であることに注意が必要である。

◆利益供与に関する職務を行った取締役および執行役[会社法施行規則21条1号]
◆利益供与が取締役会の決議に基づいて行われたときは、①その決議に賛成した取締役[同条2号イ]、②その議案を提案した取締役および執行役[同条2号ロ]
◆利益供与が株主総会の決議に基づいて行われたときは、①議案を提案した

取締役[同条3号イ]、②議案の提案の決定に同意した取締役[同条3号ロ]（ただし、取締役会設置会社の取締役を除く）

◆①株主総会への議案の提案が取締役会の決議に基づき行われたときは、その取締役会の決議に賛成した取締役[同条3号ハ]、②株主総会において議案の内容を説明した取締役および執行役[同条3号ニ]

❷会社法462条

取締役が分配可能額を超えて配当を行ったときは、以下の者については、過失があったものと推定される。

◆剰余金の配当による金銭等の交付に関する職務を行った取締役および執行役[会社法462条1項柱書、会社計算規則159条8号イ]

◆剰余金の配当についての株主総会決議があった場合[会社法454条1項]の、①当該株主総会に議案を提案した取締役[会社法462条1項6号イ]、②当該株主総会で剰余金の配当に関する事項を説明した取締役および執行役[会社法462条1項柱書、会社計算規則159条8号ロ]

◆剰余金の配当についての取締役会決議があった場合[会社法459条1項4号、454条5項・1項・4項]の、①当該取締役会に議題を提案した取締役[会社法462条1項6号ロ]、②当該取締役会で剰余金の配当に賛成した取締役[会社法462条1項柱書、会社計算規則159条8号ハ]

◆分配可能額の計算に関する報告を監査役または会計監査人が請求した場合の、当該請求に応じて報告をした取締役および執行役[会社法462条1項柱書、会社計算規則159条8号ニ]

5◆損害額が推定される場合

取締役の責任につき、損害額が推定される場合がある。

本来、取締役の責任を追及するには、原則として、任務懈怠や過失の存在のみならず、その行為による会社の被った損害の額をも立証する必要があるが、損害額が推定される場合にはその必要はないこととなる。

会社法423条2項によると、取締役は、会社法356条1項1号に定める取引を行う場合（取締役が自己または第三者のために会社と競業する取引を行う場合）には、取締役会（取締役会非設置会社では株主総会）[会社法365条1項]に当該取引につき重要な事項を開示して承認を受けなければならないが、これに反して取引を行ったときは、この取引によって取締役または第三者が受けた利益の額が、損害額であると推定される。

34 取締役の監視義務と監視手法

　取締役会設置会社[会社法2条7号]においては、取締役会の職務のひとつとして「取締役の職務の執行の監督」[会社法362条2項2号]があり、このことから判例上その構成員である各取締役も、その他の取締役の職務の執行を監視する義務を負うとされている。すなわち各取締役は、その他の取締役が法令、定款を遵守し、適法かつ適正に職務を執行しているかを監視する義務がある。裁判例も、監視義務について、「代表取締役の業務執行一般につき、これを監視し、必要があれば、取締役会を自ら招集し、あるいは招集することを求め、取締役会を通じて業務執行が適正に行われるようにする職務を有するものと解すべき」としている[最判昭48.5.22判例タイムズ297号218頁。最判昭55.3.18判例時報971号101頁も引用。本書4も参照]。

　特に、取締役会による業務執行の決定[会社法362条2項1号]に基づき、その執行を行う代表取締役やその他の業務執行取締役[法363条1項]とは異なり、業務執行権限をもたない平取締役の場合には、この監視義務が職務の中心となる。

　また、この取締役会の監視機能が適切に行われるようにすべく、代表取締役や業務執行取締役は、3ヵ月に1回以上、取締役会に自らの職務の執行状況を報告する必要がある[会社法363条2項]。

　なお、取締役会非設置会社においても、各取締役の業務執行に関し、その他の取締役が監視を行う必要がある[会社法357条参照]。

　以下では、具体的な監視手法を個別に述べていく。

1◆取締役会による監視と監査役への報告

　まず、取締役の監視方法としては、取締役会を招集し、取締役会を通じて監視する方法がある。前述の裁判例でも、取締役は「代表取締役の業務執行

一般につき、これを監視し、必要があれば、取締役会を自ら招集し、あるいは招集することを求め、取締役会を通じて業務執行が適正に行われるようにする職務を有するものと解すべき」として、積極的に取締役会を招集することを要求している。

　具体的には、取締役が、その他の取締役の職務執行に関し法令や定款に違反する行為を発見した場合には、取締役会を招集し[会社法366条1項本文]、そのなかで当該違反行為を報告し、それを是正させる決議を行う必要がある。また、違反行為を行っている取締役が、代表取締役やその他業務執行取締役の場合には、必要に応じて取締役会の決議により、代表取締役または業務執行取締役を解任し[会社法362条2項3号]、代表権や業務執行権を奪うことにより違反行為を是正することもある。ただし、この手段によっても、当該取締役は業務執行権を失うだけで、取締役としての地位がなくなるわけではないことに注意が必要である。後述するが、取締役の地位自体をなくすためには別途、株主総会の決議が必要である[会社法339条1項、341条]。

　なお、定款または取締役会で取締役会を招集できる取締役が制限されている場合がある[会社法366条1項但書]。その際は、当該招集権をもつ取締役以外の取締役は、取締役会招集権をもつ取締役に対して、取締役会の目的である事項を示して、取締役会の招集を請求することになる[同条2項]。仮に、招集権をもつ取締役がこの招集請求に応じなかったとしても、招集を請求した日から5日以内に、招集権をもつ取締役から招集請求日より2週間以内の日を取締役会の日とする取締役会の招集の通知が発せられないときは、招集請求をした取締役自身が取締役会を招集できる[同条3項]。

　また、取締役は、会社に著しい損害を及ぼすおそれのある事実があることを発見したときは、ただちに当該事実を監査役設置会社[会社法2条9号]においては監査役（監査役会設置会社[会社法2条10号]においては監査役会、監査等委員会設置会社[会社法2条11の2]においては監査等委員会）に報告しなければならないとされている（これら以外は株主に報告）[会社法357条]。そのため、代表取締役を含むその他の取締役が、会社に対して著しい損害を及ぼすような行為をして

いることを発見した場合には、ただちに監査役（監査役会）、監査等委員会に報告する必要がある。

報告を受ける側の監査役は、その権限として、取締役が会社の目的の範囲外の行為その他法令や定款に違反する行為をしたり、当該行為をするおそれがある場合において、当該行為により会社に著しい損害が生じるおそれがあるときは、当該取締役に対し、当該行為をやめることを請求できる[会社法385条1項]。そこで、取締役としては、監査役に報告することにより、その差止めの権限の発動を促す効果がある。

ただし、非公開会社（監査役会設置会社および会計監査人設置会社を除く）は監査役の監査の範囲を会計に関するものに限定する旨を定款で定めることができ[会社法389条1項]、その場合には上記権限はないので注意が必要である。

2◆取締役の解任

取締役の地位自体をなくすためには、別途、株主総会の決議が必要である[会社法339条1項、341条]。そこで、取締役会の決議により、臨時株主総会を招集して[会社法296条2項]、法令や定款に違反する行為を行った取締役をその地位に残しておきたくない場合には、当該取締役の解任決議案を株主総会に提出し、解任決議により取締役の地位を剥奪することとなる[会社法339条1項、本書58参照]。

3◆違法行為の是正

このように取締役が法令や定款等に違反した行為を行っていることを発見した場合には、主立ったものとしては、以上のような手法で違反行為を是正することが考えられる（ほかには、弁護士に相談するといったことも考えられる）。もっとも、取締役がこのような違反行為を把握するためには、会社の状況を常日頃、よく把握することが必要であり、会社の定款等の諸規則、貸借対照表、損益計算書等の財政状況を示す資料、その他会社の業務や財産の状況を把握するための資料は日常的に目を通しておく必要がある。この点、名目的取締役であったとしても、他の取締役同様、監視義務を負っている。

35 監視義務の範囲と取締役の責任

1◆監視義務の範囲

1◆取締役会非上程事項に対する監視義務の有無

本書**4**、**10**、**34**などでも述べたとおり、取締役会の職務のひとつとして「取締役の職務の執行の監督」[会社法362条2項2号]がある。そのため、取締役会の構成員である取締役は、取締役会に上程された事項については当然に、代表取締役、業務執行取締役を含め、すべての取締役の職務の執行に対して監視義務を負う。

これに対して、取締役会に上程されていない事項については、そもそも各取締役が自ら関与していない事項も多く存在するため、これらの非上程事項まで監視義務を負うことになると、非常に責任が広くならざるをえない。そこで、そもそも取締役会に上程されていない事項についてまでも監視義務を負うのかが問題となる。

この点、裁判例によれば、「株式会社の取締役会は会社の業務執行につき監査する地位にあるから、取締役会を構成する取締役は、会社に対し、取締役会に上程された事柄についてだけ監視するにとどまらず、代表取締役の業務執行一般につき、これを監視し、必要があれば、取締役会を自ら招集し、あるいは招集することを求め、取締役会を通じて業務執行が適正に行われるようにする職務を有するものと解すべき」[最判昭48.5.22判例タイムズ297号218頁。最判昭55.3.18判例時報971号101頁も引用]として、非上程事項についても各取締役の監視義務があるとされている。

2◆取締役会非上程事項に対して監視義務の責任が問われる場合

このように、各取締役は取締役会の非上程事項であっても監視義務を負う

とされるが、前述のとおり取締役によって職務執行の関与の程度もまったく異なっている以上、他の取締役のすべての職務の執行について監視を行うことは、事実上、きわめて困難といわざるをえない。

そこで、取締役が代表取締役、業務執行取締役、その他取締役の違反行為を知っていた場合、または違反行為を容易に知ることができた場合等の事情がある場合に限って監視義務の責任を負うものと考えられている。

裁判例においても、取締役会に上程されていない事項に関し、「代表取締役や他の取締役のした右違法行為を知っていたこと、または…相当の注意をしなくても容易に知ることができたのに漫然と看過した」場合に責任が認められるとするもの[大阪高判昭53.4.27判例時報897号97頁]や、「代表取締役の業務すべてについてその監督権限を行使することは事実上不可能であるから、代表取締役の任務違反行為のすべてにつき、取締役が監視義務違背の責任を問われるわけではなく、取締役会に上程されない事項については代表取締役の業務活動の内容を知ることが可能である等の特段の事情がある場合に限って認められると解すべき」としたもの[札幌地判昭51.7.30判例時報840号111頁]がある。

2◆監視義務を怠った場合の責任

取締役が監視義務を怠った場合には、取締役は以下のような責任を負うことになる。なお取締役は損害賠償責任を負った場合に備えて会社役員賠償責任保険の加入の検討は必要と考える[本書50参照]。

1◆会社に対する責任

取締役が監視義務を怠ったことにより、会社に損害を発生させたときは、会社に対し損害賠償責任を負う[会社法423条1項]。

2◆第三者に対する責任

取締役が悪意または重過失により監視義務を怠ったことにより、株主や会社債権者など第三者が損害を受けた場合には、その第三者に対し損害賠償責任を負う[会社法429条1項]。

36 取締役の地位や役割と監視義務の程度

1◆監視義務の程度とその取締役間の差

　本書34のとおり、取締役には、その他の取締役に対し、法令、定款を遵守し、適法かつ適正に職務を執行しているかを監視する義務がある[会社法362条2項2号]。一方で取締役は、業務全般に関する執行権限を有する代表取締役、業務の執行権限を有するその他業務執行取締役[会社法363条1項]、特に業務の執行権限を有していない平取締役といったように、地位、役割が同一ではないため、取締役ごとに情報を得ることのできる機会や情報量に当然のごとく差が生じる。そこで、取締役の地位、役割によって、他の取締役に対する監視義務の程度に差異が生じるのかが問題となる。

　この点、監視義務の程度としては、その地位・状況にある者に通常期待される程度のものとされているが、会社法上、特に取締役の義務に関して役割ごとに区別をしてはいないことからも、取締役ごとに一律に監視義務の程度に差異を設けていることはないと考えられる。

　一方で、取締役ごとの地位、役割とは別に、弁護士や公認会計士等、専門的能力・知識を有していることを前提に選任された取締役の場合には、当該専門的能力・知識を取締役の職務において発揮することを求められているため、専門的能力・知識を有しない取締役と比較して、その専門性が関係する部分では、通常期待される監視義務の程度は高度なものとなると思われる。

2◆監視義務違反の判断基準

　以上のように、監視義務の程度は、特に取締役の地位、役割ごとに一律に差異があるわけではないが、前述のとおり、各取締役によって情報を得るこ

とのできる機会や情報量に差異があるにもかかわらず、一律に監視義務違反の責任を問うことは、不当な責任を課すことにもなりかねない。したがって、取締役の監視義務違反を検討する際には事実上、取締役の地位、役割等も考慮したうえで検討することになる。

　具体的には、監視義務違反の責任を問われるのは、他の取締役による不適当な職務執行を認識していた場合、または認識していなかったとしてもそのことを容易に認識できたにもかかわらず漫然と放置した場合などに限定したうえで[*1]、その不適当な職務執行の認識や認識容易性については、情報量の差異により事実上、取締役の地位、役割ごとの差異が反映され、結果として、取締役ごとに監視義務違反の責任が問われる範囲が変わることになる。

　たとえば、平取締役の場合と代表取締役とを比較した場合には、情報収集の機会や情報量におのずと差が生じ、不適当な職務執行を認識する機会や、また容易に認識できるような状況は、平取締役の場合のほうが総じて少なくなるため、結果として監視義務違反の責任を負う場合が減ることになる。

　また、代表取締役以外の業務執行取締役についても、自身の担当業務以外は情報収集の機会や情報量が少ないため、代表取締役と比較した場合、平取締役と同様、結果として監視義務違反の責任を負う場合が減ることになる。

　さらに、社外取締役[会社法2条15号]は他の取締役とは異なり、会社への出社が不定期なため、業務全般を執行する代表取締役や、会社の事情をよく知る社内の取締役よりも結果として監視義務違反の責任を負う場合は少なくなると思われる。

1＊裁判例においては、監視義務違反の責任を問われる場合について、「取締役会に上程されない事項については代表取締役の業務活動の内容を知ることが可能である等の特段の事情がある場合」[札幌地判昭51.7.30判例時報840号111頁]、「違法行為を知っていたこと、または…相当の注意をしなくても容易に知ることができたのに漫然と看過したこと」[大阪高判昭53.4.27判例時報897号97頁]、「取締役会において上程された事項ないし別途知り得た事情に限って」[東京地判平19.7.25判例タイムズ1288号168頁]と述べる等、取締役の監視義務違反の責任をある程度限定的に捉えている。

37 新規事業に失敗した場合の取締役の責任

1◆経営判断の原則による判断

　企業の新規事業への進出は、既存の事業が業績不振かつ業績の改善が見込めない状況にあり、他に収益の柱となる事業を行う必要がある場合や、既存の事業も業績を伸ばしているものの、多角的な事業展開によりさらなる業績の上昇をめざす場合等、さまざまな状況において行われうるが、概して少なからぬリスクをともなうことが多い。一方で、新規事業に進出した結果が失敗に終わり、会社が損害を被った場合に、新規事業進出を決断した取締役が常にその損害を賠償する責任を負わねばならないとすれば、取締役はリスクをともなう新規事業進出等といった決断をしなくなり、会社は収益獲得のチャンスを逃すことになる。

　このような場合に取締役が責任を負うか否かについては、「経営判断の原則」に基づき判断されることとなる[本書32参照]。この経営判断の原則は、経営判断の意思決定過程や内容に著しく不合理な点がなければ、取締役は善管注意義務・忠実義務違反の責任を会社に対して負わないというものである[最判平22.7.15判例時報2091号90頁、東京地判平5.9.16判例時報1469号25頁等]。これによると、その新規事業に進出することになった意思決定の過程や、その新規事業に打って出たこと自体が著しく不合理でなければ、そのような経営判断をした取締役は責任を負わないことになる。

2◆新規事業進出にあたって検討すべき内容

　新規事業への進出は、成功すれば大きな利益を得ることができる反面、新たな取引先とのかかわりや設備等への多額の投資、海外での事業であればそ

のカントリーリスク等、失敗したときの損害も大きくなることが多いことから、進出にあたっては、経済状況の分析、企業会計上適正な方法による中長期的な収支・収益の予測、当該事業にともなう法律問題の有無やカントリーリスクの調査等をもとに慎重に検討する必要がある。取締役が、これらを行わずに、根拠のない収支予測に基づくものであったり、カントリーリスク等の調査が十分でないまま新規事業に進出して失敗した場合には、意思決定の過程やその内容が著しく不合理であるとして善管注意義務・忠実義務違反の責任を問われることになる。

3◆具体例にみる過失責任

　裁判例においては、会社外の者からゴルフ場経営という新規事業をもちかけられ、ゴルフ場経営の経験もノウハウもないにもかかわらず、独自の調査や資金計画の策定をしないまま会員募集を行い入会保証金を集めたが、許認可を出す都道府県から本審査認可前の会員募集について警告を受けたために、会員募集を中止せざるをえなくなり、資金難に陥り結果としてゴルフ場建設を断念した事案において、取締役の損害賠償責任が認められている[東京地判昭54.11.28判例時報965号108頁]。これは、入会保証金を納めた会員から取締役に対し、第三者責任[旧商法266条ノ3第1項。現在の会社法429条1項]が問われた事案だが、この事案の取締役はゴルフ場用地の調達や建設費用について地元関係者の「ゴルフ場用地については地主から賃貸の承諾をもらっている」「資金は入会保証金だけで十分賄える」との説明を鵜呑みにして、客観的合理的な裏づけのある計画のないままゴルフ場建設事業を開始したことが重過失に当たると判示されている。

　やはり、取締役は株主から経営を任されている以上、自ら調査を実施し、そのリスクについて検討しなければならないことは自明であり、漫然と他人の判断を信用して事業を行うことは許されない。

　他方、民事再生手続が開始された百貨店の旧取締役について、海外出店事業のために行った貸付けおよびその回収業務に善管注意義務・忠実義務違反

がないとして、取締役の会社に対する損害賠償責任が否定され、旧取締役に対する裁判所の損害賠償請求権の査定決定が取り消された事案がある［旧商法266条1項5号。現在の会社法423条］。これは、百貨店事業を営む会社が外国に進出する事業計画を策定し、現地法人に用地の取得等を依頼し、そのために当該現地法人に対して2度にわたり融資を行ったが、結局外国への進出も実現せず、融資の回収もできなかった事案であるが、2度の融資を行ったことや担保を追徴しなかったこと、および2度目の融資の後に本件の進出計画自体を中止して貸付金を回収しなかったことについて、経営判断の原則によって取締役の責任を否定している［東京地判平16.9.28判例時報1886号111頁］。もっとも、2度目の融資について、当該現地法人が契約書の締結を拒否する等不信感を抱かせるような態度をとっており、また弁護士からも債権回収や担保の追徴等の保全措置を講じるよう意見が出されていたケースではあったが、2度目の融資を断念することはその事業計画自体を断念するに等しいこと、および早期の債権回収についても、費用対効果の点から法的な手段による債権回収が有効であったとは必ずしもいえないことを説示している。

38 経営不振会社、子会社の救済

1◆損害の発生と取締役の損害賠償責任

　取締役は、会社に対して善管注意義務・忠実義務を負っており、これら義務に違反して会社に損害を与えた場合は、会社に対して損害賠償責任を負うことになる。この点、取締役の業務執行において、経営不振のグループ会社や子会社[会社法2条3号]に対し救済目的で金融支援や投資等を行った場合に支援先の会社が倒産して債権の回収が不能になったり、株式が無価値化して会社に多大な損害が発生するということが起こりうる。そこで、結果的にそのような損害が発生した場合に、取締役には善管注意義務・忠実義務違反が生じ、損害賠償責任を負うことになるのかどうかが問題になる。

　取締役の経営判断により損害が生じた場合に、単純に事後的・結果論的に評価して当該取締役に損害賠償責任を負わせることは、取締役の経営判断を萎縮させてしまう。そのため、本書32でみたように、裁判所は、取締役の当該行為が善管注意義務に違反するかどうかを判断するにあたり、判断の前提となった事実認識に不注意な誤りがあったか否か、または判断の過程・内容に著しく不合理なものがあったか否かを判断基準とし、当該行為が著しく不合理といえない場合は取締役の裁量の範囲内とする、いわゆる経営判断の原則をとっている[最判平22.7.15判例時報2091号90頁、東京地判平5.9.16判例時報1469号25頁等][＊1]。

2◆経営不振会社の救済と経営判断の原則

　経営不振に陥っているグループ会社等を救済することが取締役の善管注意

1＊裁判例によって、経営判断の原則の基準の表現は若干異なっているが、本文に記載した表現が裁判所の基本的な考え方であると解される。

義務・忠実義務に違反しないかどうかについては、上記経営判断の原則の基準に拠ることになるが、具体的には救済会社にとって当該経営不振会社を救済する必要性、救済により救済会社が受ける利益、融資の方法・内容、回収不能等の可能性・損失の程度、また、経営不振会社の財務・経営状況等を調査のうえ社内討議を十分に経たかどうかや公認会計士や弁護士等専門家の意見を聴取したかどうか等も勘案して、当該救済行為が著しく不当といえないかどうかが判断されることになる[*2]。

　グループ会社や子会社への救済行為が善管注意義務・忠実義務に違反しないかどうかが問題になった裁判例は多くみられるが、取締役の義務違反を否定した裁判例として、たとえば、福岡高判昭55.10.8 [判例時報1012号117頁] は、資金繰りが逼迫している子会社に対する融資の事案で、社内の意見を徴したところすでに多額の融資をしている子会社がただちに破産に至った場合の損失を懸念し積極案を推す声が営業部門を中心に強かったこと、子会社に対する管理を強化するとともに担保権を確保するための努力を講じたこと、親会社のためによかれとしてつなぎ融資を継続しようとしたことをあげて、取締役の忠実義務違反を否定している。

　また、大阪地判平14.1.30 [判例タイムズ1108号248頁] は、グループ会社に対して融資および債権放棄等をした事案で、グループ会社の倒産によって出資金の無価値化、保証債務の履行、金融機関からの融資引揚げ、企業イメージの低下による売上げの減少等の大きな損失を被るおそれがあったこと、救済会社が回避しようとした損失と比較してその支援額は過重な負担とはいえなかったこと、金融支援はグループ会社のみならず救済会社自体の経営改善にも一定の効果を有するものであったこと、金融支援の決定過程について外部の意見を聴くなど慎重な手続きを経ていたこと等をあげて、取締役らの善管注意義務・忠実義務違反を否定している。

2＊救済行為をしないことにより会社が見積もる損失は、えてして信用低下などの抽象的なものが多いが、合理的な経営判断というためには、救済行為をしないことにより会社が受ける損失についてなるべく具体的かつ適正に評価しておく必要がある。救済の方法が追加融資の場合は、すでに抱えている不良債権をさらに増大するものであるから、特に慎重な判断を要すると解されている。

他方、取締役の義務違反を肯定した裁判例として、東京高判平8.12.11[金融・商事判例1105号23頁]は、グループ会社と評価できる会社に対する多額の無担保貸付け等を行った事案で、当該貸付け先の会社はすでに昭和54年度以降、経常的に損失を計上する等慢性的な経営不振に陥っていた等の事情から、救済会社の回収不能の予見可能性を認め、取締役の善管注意義務・忠実義務違反を認めている。

　また、福岡地判平23.1.26[金融・商事判例1367号41頁]およびその控訴審判決である福岡高判平24.4.13[金融・商事判例1399号24頁]は、子会社に対する貸付け行為に関して、子会社の経営状況に関する調査や親会社の取締役らによる調査委員会の調査報告書の正確性についての検証を行うことができないほどに緊急の対応を要したとの事情はないのに、上記調査報告書の信用性の検証等を行わないままたやすく貸付けを実行したことを「経営判断として合理性はなく、正当なものであったなどとは言い得ない」として、取締役らの忠実義務違反ないし善管注意義務違反を認めている。

3◆刑事上の責任

　追加融資の目的がたとえばそれまでの不良債権を隠蔽すること等であるとすれば、「自己若しくは第三者の利益を図り又は株式会社に損害を加える目的」（図利加害目的）があるとして特別背任罪[会社法960条1項3号]が成立する可能性がある。一例として、東京高判昭62.12.8[高等裁判所刑事裁判速報集昭和62年121頁]は、銀行の代表取締役がその地位を維持するという自己保身の目的で事業不振会社に対し継続融資を行った事案において、事業不振会社が倒産すれば数々の不適正行為が明るみに出ること、役員会議で融資打切りの是非等が検討されたことがなかったこと、事業不振会社が倒産しても救済会社が必ずしも倒産に至るとはいえないこと、当時の情勢から貸し増しをしても事業不振会社の不良債権が増大するだけであることは明らかであったことをあげ、当該取締役の図利加害目的を認定して特別背任罪の成立を認めている。

39 原価割れ受注と取締役の責任

　取締役は、会社に対し善管注意義務・忠実義務を負っており、これらの義務に違反して会社に損害を与えた場合、会社に対し損害賠償責任を負う[会社法423条1項]。また、取締役が職務を行うにつき悪意または重過失により第三者に損害を与えた場合には、第三者に対して損害賠償責任を負う[会社法429条1項]。

　この点、原価割れ価格で受注することは、短期的に資金繰りをつける等目的はいろいろあると思われるが、数字的には会社に損害を与えるとみられる行為であることから、原価割れ受注を行った取締役に上記義務違反が生じ、会社に対する損害賠償責任を負うことになるかが問題になる。また、会社債権者等第三者との関係でも、原価割れ受注の結果、会社の経営が悪化し、会社債権者に損害が発生した場合に、原価割れ受注を行ったことに悪意または重過失があったとして、第三者に対して損害賠償責任を負うことになるのかが問題になる。

1◆原価割れ受注と経営判断の原則

　原価割れ受注が会社の将来的利益をはかる目的で実施されたのであれば、経営判断の原則[本書32、37参照]に沿って善管注意義務違反となるかどうかが判断されることになる。

　この点、「判断の前提となった事実認識に不注意な誤りがあったか否か」という観点からは、原価割れ受注の必要性、原価割れ受注による損害の程度、市場相場の状況、業界の特質・動向、回収の見込み、およびその時期等について調査のうえ、どの程度正確に事実関係を把握・予測できていたかどうか等の事項が問題となり、「判断の過程・内容に著しく不合理なものがあった

か否か」という観点からは、上記事実認識を前提に、その割引率・期間で原価割れ受注を行った判断が著しく不合理ではないか、十分な社内検討や外部専門家等の意見も踏まえたのかが問題となる。

　裁判例では、経営判断の原則が確立される以前のものであるが、鋼材の製作販売会社が仕入商品を仕入値から約5％から7％の値引きによる現金販売をして資金繰りをつけていたが、破産するに至ったため、破産管財人がその会社の代表取締役らに対し損害賠償請求をした事案で、鉄鋼のように比較的相場の変動の激しい業界においては、業界の慣行としても、上記の程度の値引販売をしたからといって、それだけで善管注意義務に違反した過失があるとはいえないとして、代表取締役らの損害賠償責任を否定している[大阪地判昭42.4.20判例時報498号64頁]。

　他方、仕入れた商品（仕入代金は標準小売価格の約65％）を仕入価格を下回る価格（標準小売価格の約50％）で販売していた会社の代表取締役に対する仕入先からの損害賠償請求の事案では、遠からず破綻するに至るであろうことが予見されたのに原価割れ受注を継続的に行って会社を倒産させたとして、取締役の損害賠償責任を肯定している[札幌高判昭58.10.17判例タイムズ520号259頁]。

　両判決が結論を分けた事情としては、割引率の大小の差のほか、前者は比較的相場の変動が激しいという業界の特質があったこと、後者は回収の見込みがなかったことがあげられる。

　なお、原価割れ受注の事案ではないが、会社の利益ではなく自己の利益をはかる目的で行った代表取締役の行為について、裁判所は、経営判断の原則に言及することなく当該取締役の善管注意義務・忠実義務違反を認定している[東京地判平15.5.22判例時報1835号126頁等]ことから、そもそも会社の利益をはかる目的ではない場合、経営判断の原則は適用されないと解される。

2◆原価割れ受注と独占禁止法

　独占禁止法は、「正当な理由がないのに、商品又は役務をその供給に要する費用を著しく下回る対価で継続して供給することであつて、他の事業者の

事業活動を困難にさせるおそれがあるもの」[同法2条9項3号]を「不公正な取引方法」としており[*1]、原価割れ受注がこれに該当する場合、排除措置命令[同法20条1項]の対象となる。

　なお、独占禁止法等法令に違反する場合には、そもそも経営判断の原則の適用はなく、善管注意義務・忠実義務違反に該当することになるので注意を要する。

---

1 *「一般指定」と呼ばれる公正取引委員会の告示第18号(平成21年10月28日改正)6項も、「不当に商品又は役務を低い対価で供給し、他の事業者の事業活動を困難にさせるおそれがあること」は不公正な取引方法に当たるとしている。

40 会社の資金による投機行為

　取締役は、会社に対して善管注意義務・忠実義務を負っており、これら義務に違反して会社に損害を与えた場合は、会社に対して損害賠償責任を負う[会社法423条1項]。

　この点、投機的取引は、価格の変動を利用して利益を得ようとするものであるため、将来の価格の変動の読み間違い等で多額の損失が発生する可能性があるところ、結果的にそのような損失が発生すれば取締役に善管注意義務・忠実義務違反が生じ、損害賠償責任を負うということになるのかどうかが問題になる。

1◆判例にみる投機的取引と経営判断の原則

　当該投機的取引が取締役の善管注意義務・忠実義務に違反しないかどうかは、経営判断の原則[本書32、37参照]の基準に従い、当該投機的行為の必要性、会社の経営状況、投資の規模、損失発生の可能性およびその影響、経済情勢、十分な社内検討を経たのか、外部専門家等の意見も踏まえたのかどうか等により、判断されることになる[*1]。

　この点、実際に裁判所がどのような事実に着目しているかをみると、東京地判平5.9.21[判例時報1480号154頁]では、資本金960万円、従業員は1名、営業利益1300万円程度のきわめて小規模の会社であり、かつ、経常利益が264万円の赤字であったにもかかわらず、4億円を超える株式投資で銀行借入れをし

1＊経営判断の原則は、経営判断事項は裁判所の判断になじみにくいため取締役の判断を尊重するというものであり、法令に違反するような行為についてまで取締役の裁量を認めるものではない。なお、会社の利益をはかる意図がない取締役の判断にまで裁量を認めることは、経営判断以前の問題として不適当といわざるをえない[東邦生命事件・東京地判平15.5.22判例時報1835号126頁等参照]。すなわち、当該行為が法令に違反する場合や、会社の利益をはかる目的ではない場合は、経営判断の原則は適用されない。

ていたこと、当該株式投資を正当化するほどの必要性がなかったこと、株式投資に失敗すれば本業の継続が不可能となる状況にあったこと、投資を一任した投資顧問業者の投資内容に問題があることに気づいていたのに漫然と投資一任契約を継続していたことをあげて、取締役らの善管注意義務違反を認めている。

福岡地判平8.1.30[判例タイムズ944号247頁]では、相当の危険を承知であえて株式投資に打って出る必要があるという切迫した状況にはなかったこと、形式的な取締役会の承認はあったものの、その後は概括的報告にとどまるのみならず、かえって損失を隠蔽するかのような形態での報告に終始していたこと、取引額は取締役会で決議した資金運用限度額（30億円）を大幅に超過（50億円）したものであったこと、取引形態も、信用取引、オプション取引等危険性の高い取引形態も含まれているうえ、仕手戦参画と評価できる行動をとっていたことをあげて、取締役の善管注意義務・忠実義務違反を認めている[*2]。

大阪高判平11.7.21[判例時報1698号142頁]では、株式取引により合計約4億円の損失を発生させたこと、株式取引の開始および継続について他の取締役に相談せず独断で行ったこと、社内で中止決定がなされた後も株式取引を継続したこと、投資総額は会社の売上粗利益の2年分に相当し、そのほぼ全額が銀行借入れによるものであったことをあげて、取締役の善管注意義務違反を認めている。

2◆投機的行為と刑事責任

投機的行為が、①自己もしくは第三者の利益をはかる目的、または、会社に損害を加える目的であり、②任務違背行為といえ、③会社に損害を加えたときは、当該取締役に特別背任罪[会社法960条1項3号]が成立する（10年以下の懲役〔筆者注：法改正により2025［令和7］年6月16日までに「拘禁刑」に改められる。

2＊同裁判例は、他の取締役も当該取締役の報告を鵜呑みにしていたこと、当該取締役にはそれなりに功労もあったところ、会社は違法行為が発覚したことにより、当該取締役への1億円近い退職慰労金の支払いを免れていること等から、過失相殺・損益相殺的考慮をして、損害額のうち4割を減じている。

以下同様〕もしくは1000万円以下の罰金、または併科）。上記②の任務違背行為といえるかどうかについては、経営判断の原則の考え方に沿って判断されることになる。

　また、取締役が会社の目的の範囲外において投機的取引のために会社の財産を処分したときには、会社財産を危うくする罪［会社法963条5項3号］が成立する（5年以下の懲役もしくは500万円以下の罰金、または併科）。本罪については、特別背任罪とは異なり、会社に損害を加えたかどうかは要件とはなっていないことに注意が必要である。なお、「目的の範囲外」とは、単に定款所定の目的の範囲外をいうものではなく、形式的には定款所定の目的の範囲外であっても会社の営利目的達成のために有益な行為であれば、この「目的の範囲外」には当たらないとされている。

41 交際費の濫費

1◆交際費と租税法

　交際費とは、一般的には、取引の円滑化等を目的として、取引先等に対し接待・贈答等をする際に会社が支出する会計上の費用を指す。租税特別措置法は、交際費の定義について、通常いわれている範囲よりも広く捉え、「交際費、接待費、機密費その他の費用で、法人が、その得意先、仕入先その他事業に関係のある者等に対する接待、供応、慰安、贈答その他これらに類する行為…のために支出するもの」と定義している [同法61条の4第6項]（ただし、①もっぱら従業員の慰安のために行われる運動会、演芸会、旅行等のために通常要する費用、②飲食その他これに類する行為のために要する費用〔法人税法2条15号に規定する役員もしくは従業員またはこれらの親族に対する接待等のために支出するものを除く〕であって、その支出する金額を基礎として政令で定めるところにより計算した金額が5000円以下の費用、③カレンダー、手帳、扇子、うちわ、手ぬぐいその他これらに類する物品を贈与するために通常要する費用、④会議に関連して、茶菓、弁当その他これらに類する飲食物を供与するために通常要する費用、⑤新聞、雑誌等の出版物または放送番組を編集するために行われる座談会その他記事の収集のために、または放送のための取材に通常要する費用は交際費等に該当しない [租税特別措置法61条の4第6項、同法施行令37条の5]）[＊1]。

　交際費等の額は、原則としてその全額が損金不算入とされているが、租税特別措置法は、資本金1億円以下の会社について特例を設けている [同法61条の4第1項・2項]。すなわち、2014（平成26）年4月1日から2024（令和6）年3月31日までの間に開始する事業年度において、①交際費が年間800万円未満の場合には交際費の全額が損金となり、②交際費が年間800万円以上の場合に

は800万円が損金となる。また、交際費の損金算入限度額は、2014（平成26）年4月1日から2022（令和4）年3月31日までの間に開始する事業年度において、①大企業では、新限度額（交際費の額のうち飲食費の額）×50％、②中小企業では新限度額と前述の限度額の選択適用となる。

ちなみに、行政通達上、役員等に対して機密費等の名義で支出した金額でその法人の業務のために使用したことが明らかでないものは、役員給与に含まれるとされている [基本通達・法人税法9-2-9(9)国税庁昭和44年5月1日発]。

2◆交際費の濫費と取締役の責任

交際費は性質上、その目的が必ずしも明確でないことが少なくないため、交際費名目で支出した費用の使途や金額が問題になることがある。

この点、取締役は会社に対し善管注意義務・忠実義務を負っているところ、交際費について使途および上限金額が社内の内規等で決まっている場合

1＊行政通達は「交際費等」の具体例として、①会社の何周年記念または社屋新築記念における宴会費、交通費および記念品代、新船建造または土木建築等における進水式、起工式、落成式等におけるこれらの費用（進水式、起工式、落成式等の式典の祭事のために通常要する費用は交際費等に該当しない）、②下請工場、特約店、代理店等となるため、またはするための運動費等の費用（これらの取引関係を結ぶために相手方である事業者に対して金銭または事業用資産を交付する場合のその費用は交際費等に該当しない）、③得意先、仕入先等社外の者の慶弔、禍福に際し支出する金品等の費用、④得意先、仕入先その他事業に関係のある者（製造業者またはその卸売業者と直接関係のない他の製造業者の製品またはその卸売業者の扱う商品を取り扱う販売業者を含む）等を旅行、観劇等に招待する費用、⑤製造業者または卸売業者がその製品または商品の卸売業者に対し、当該卸売業者が小売業者等を旅行、観劇等に招待する費用の全部または一部を負担した場合のその負担額、⑥いわゆる総会対策等のために支出する費用で総会屋等に対して会費、賛助金、寄附金、広告料、購読料等の名目で支出する金品に係るもの、⑦建設業者等が高層ビル、マンション等の建設にあたり、周辺の住民の同意を得るために、当該住民またはその関係者を旅行、観劇等に招待し、またはこれらの者に酒食を提供した場合の、これらの行為のために要した費用（周辺の住民が受ける日照妨害、風害、電波障害等による損害を補償するために当該住民に交付する金品は交際費等に該当しない）、⑧スーパーマーケット業、百貨店業等を営む法人が既存の商店街等に進出するにあたり、周辺の商店等の同意を得るために支出する運動費等（営業補償等の名目で支出するものを含む）の費用（その進出に関連して支出するものであっても、主として地方公共団体等に対する寄附金の性質を有するものおよび法人税法施行令14条1項6号イに掲げる費用の性質を有するものは交際費等に該当しない）、⑨得意先、仕入先等の従業員等に対して取引の謝礼等として支出する金品の費用、⑩建設業者等が工事の入札等に際して支出するいわゆる談合金その他これに類する費用、⑪上記①～⑩のほか、得意先、仕入先等社外の者に対する接待、供応に要した費用で寄附金、値引きおよび割戻し、広告宣伝費、福利厚生費、給与等に該当しないすべての費用の11項目をあげている [租税特別措置法関係通達61の4(1)-15]。なお、一部例外もありうるので詳細は条文を参考にされたい。

にその使途以外の使用や上限金額を超える費消をすると、上記義務違反となる。また、そのような内規等がないとしても、会社の業務と関係がない場合や、会社の規模、経営状況等に鑑み、合理的な範囲を超える金額を費消していた場合には、やはり上記義務違反になる[＊2]。

取締役が上記義務に違反して会社に損害を与えたときは、会社に対し損害賠償責任を負う[会社法423条1項]。また、交際費の濫費により会社債権者等第三者にまで損害を与えたような場合は、第三者に対する損害賠償責任を負う[会社法429条1項]。

交際費の濫費が問題となった裁判例として、札幌地小樽支判平7.1.24[資料版商事法務131号73頁]は、交際費の支出が適法といえるためには、その支出が会社の業務と関連していることが必要としたうえで、問題とされた交際費のうち、会社名の宣伝広告を当該取締役の出身学校の同窓会名簿に載せるために支出された費用には業務関連性を認め、残りの業務関連性が認められない交際費について、当該取締役に支出相当額の損害賠償責任を認めている。

那覇地判平13.2.27[金融・商事判例1126号31頁]は、交際費の支出と会社の業務遂行との間に関連がないにもかかわらず交際費を支出することは、取締役の善管注意義務・忠実義務に違反するとしたうえで、株主またはその代理人に要した海外旅行費用は、会社の取引とは直接の関係を有しないとして、取締役に対してその費用相当分の損害賠償責任を認めている。

他方、名古屋地判平23.9.20[ジュリスト1434号64頁]は、取締役が支出した交際費のうち飲食代等については、総勘定元帳に記載された内容、個別の額および総額を検討してもなお、これが会社の業務と関連なく支出されたものとは認められないこと、また講演会費等の支出も、現に講演会を年数回開催していることから、いずれも著しく不合理とはいえないとして、当該交際費の支出について取締役に善管注意義務違反は認められないとしている。

---

2 ＊合理的な範囲といえるかどうかの判断にあたっては、会社の資本金、売上額、利益率等を総合考慮することになるが、租税特別措置法が定める交際費の損金算入限度額がひとつの参考になると思われる。

3◆交際費の濫費と刑事上の責任

　交際費の名目で会社財産を個人の用途に費消する等、自己の利益のために会社の任務に背いて交際費を濫費したとすれば、特別背任罪[会社法960条1項3号]として刑事責任を問われる可能性がある。

42 機密漏洩

1◆取締役の守秘義務

取締役は、その地位や業務に関連して会社の機密情報に接する機会が多いため、会社としては、取締役が社外に機密情報を漏洩しないように、取締役に守秘義務を課す必要性が高い。

この点、たとえば取締役服務規程等のなかに守秘義務の規定を設けて明確に取締役に守秘義務を課しているケースもあるが、そのような規程等がなくても、取締役は法律上守秘義務を負う。すなわち、取締役と会社は委任関係にあり、取締役は会社に対し善管注意義務を負うとともに、忠実に会社の職務を遂行すべき義務を課されているため、これら義務の一環として、取締役の守秘義務は、会社との間に特段の合意がなくても成立している。

なお、退任取締役に関して、取締役は退任すると原則として善管注意義務・忠実義務を負わなくなるので、特約がなければ退任取締役は守秘義務を負わなくなるのかが問題になるが、信義則上、退任取締役も在任中知り得た会社の内部情報について守秘義務を負うとされている [千代田生命保険事件・東京地判平11.2.15労働判例755号15頁]。

2◆機密漏洩と民事上の責任

1◆取締役の損害賠償責任

取締役が機密を漏洩することは、上記守秘義務に違反することになり、その結果会社に損害を被らせたときは、会社に対し損害賠償責任を負う [会社法423条1項]。また、故意または重過失があり、第三者にも損害を与えるような事態に至ったときは、その第三者に対しても損害賠償責任を負う [会社法429条

1項]。退任取締役が退任後に機密を漏洩した場合は、民法上の不法行為[民法709条]の問題になると思われる。

　上記損害賠償責任が認められるかどうかは、どのような機密を漏洩したのか、当該漏洩行為により会社がどのような損害を被ったのか等、会社の立証の可否も含めて慎重に検討されるべきである[*1]。

　上述の千代田生命保険事件は、会社の元常務取締役が大衆週刊誌等の記者に会社の社外秘の情報・資料等を提供した結果、記事が掲載され、会社の名誉が侵害されたとして、会社が当該元常務取締役に対し不法行為に基づく損倍賠償請求をした事案である。裁判所は、①記者に提供した情報は、生命保険会社として守秘義務のある特定の融資先との融資取引の内容や、社内の人事問題・経営問題に係る社内の稟議の内容であり、これらが公表されれば会社の業務執行に支障をきたすことは明らかであるので、法的保護の対象になること、②役員退任後も守秘義務を負うと解さなければ委任契約の趣旨は全うされないので、退任取締役も信義則上守秘義務を負うこと、③当該記事には当該元常務取締役の発言・提供資料がそのまま引用されているので、本件情報漏洩と名誉毀損との間には相当因果関係があること、④当該記事で会社が有する企業年金保険契約のシェアダウンにつながったことは否定できないとして、当該元常務取締役の損害賠償責任を認めている。

2◆不正競争防止法上の損害賠償責任

　不正競争防止法は、「営業秘密」を保護する規定を定めており、不正の競業その他不正の利益を得る目的またはその保有者に損害を与える目的で、「営業秘密」を使用しまたは開示する行為を「不正競争」の一類型として、これに対する損害賠償請求[同法4条]等を規定している。これは、不正競争による営業上の利益の侵害が民法709条の損害賠償責任の要件を充足することを確認的に規定したものとされている。

1＊実務上、当該情報が必ずしも機密として十分な管理がなされていない場合に、保護すべき営業秘密といえるかどうか、あるいは当該取締役が漏洩したといえるかどうかが問題となったり、また具体的な損害が何か、当該漏洩行為と損害との間の因果関係の有無等が問題になる。

なお、不正競争防止法が定義する「営業秘密」とは、「秘密として管理されている生産方法、販売方法その他の事業活動に有用な技術上又は営業上の情報であって、公然と知られていないもの」[同法2条6項]をいい、①秘密管理性、②有用性、③非公然性を要件としている。

　したがって、取締役や元取締役が不正の競業の目的を有しつつ、上記①～③の要件に該当するような機密を漏洩した場合、前述した会社法上、民法上の責任とあわせて、不正競争防止法上の責任も負うこととなる。

3◆機密漏洩と刑事上の責任

　刑法上情報窃盗という罪はないので、たとえば自分が持参したUSBメモリに営業秘密を保存して持ち出した場合は、勝手に持ち出したものはあくまで営業秘密情報だけであるため、窃盗罪にはならない。しかし、これが会社の備品であるUSBメモリ等に保存して持ち出した場合は、営業秘密が記録された会社の備品を持ち出した点を捉えて窃盗罪[刑法235条]、業務上横領罪[同法253条]が成立する可能性がある。

　また、取締役が、自己が利益を得る目的、または第三者に利益を得させる目的、あるいは会社に損害を加える目的で会社の内部情報を漏洩した場合には、特別背任罪[会社法960条1項3号]が成立する可能性があることに加え、不正の利益を得る目的、または会社に損害を加える目的で営業秘密の管理に係る任務に背いて営業秘密を使用した場合、あるいは部外者に開示した場合には、不正競争防止法上、処罰の対象にもなる[同法21条1項5号]。

43 退任取締役の旧部下の引抜き

　経営状況の悪化や経営方針をめぐる対立等を契機として、取締役が、会社を辞めて競合する新会社を設立したり競合他社に就職したりする際、在任していた会社の部下や優秀な社員を引き抜くということがある。このような取締役による部下の引抜き行為が何らかの法令等に違反し、損害賠償責任を負うのか、またそれと関連して会社と退任取締役との間で引抜き禁止特約を結んでいた場合、その有効性が問題となる。

1◆引抜き行為と取締役の義務

1◆在任中に引抜き行為を行った場合

　本書13でみたように、取締役は在任中、善管注意義務・忠実義務を負っており、またこれらの義務を具体化したものとして、競業避止義務を負っている。そして、取締役がこれらの義務に違反したときは、それにより生じた会社の損害を賠償する責任を負う。

　取締役が退任後競業会社を設立もしくは競業他社に就職することを予定して、在任中に社員を引き抜くために退職を勧め転職を勧誘等することは、会社の利益を害する行為であり、上記義務に違反する可能性がある[*1]。

　具体的にどのような態様が義務違反になるかについて、裁判例には、引抜きのために従業員に退職を勧め、自らの独立への参加を呼びかけたことをもって義務違反になるとしているケースもあれば[日本設備事件・東京高判平元.10.26金融・商事判例835号23頁]、引抜き等に至るまでの会社内部の事情、当該取締役と従

1＊厳密にいえば、競業避止義務は競業「取引」を行う場合に生じる義務であるため、引抜き行為自体は、競業避止義務に直接違反するわけではなく、善管注意義務・忠実義務違反の問題となる。もっとも、引抜き行為をとりまく一連の競業行為が競業避止義務に違反する可能性がある。

業員の人的な関係、会社の業務に与える影響の度合い等を総合して不当な態様といえる場合に義務違反が成立するとしているケースもある[千葉地松戸支決平20.7.16金融法務事情1863号35頁]。もっとも、前者の東京高判平元.10.26の裁判例は、当該取締役の所属する会社がプログラマーやシステムエンジニア等の人材派遣会社であり、そのような会社では特に人材が重要な資産であることから、上記結論に至ったと評価することもできる。

2◆退任後に引抜き行為を行った場合

　一方、取締役の善管注意義務・忠実義務、競業避止義務は、在任中負う義務であるため、取締役が退任すれば、原則として消滅する。

　したがって、退任後においても引抜き行為の禁止を含む競業避止特約等を結んでいなければ、退任取締役が在任していた会社の従業員を引き抜いたとしても、基本的には当該退任取締役に上記義務違反の問題は生じない。もっとも、引抜きの態様によっては、一般的な不法行為責任[民法709条]の問題が生じ、損害賠償責任を負う可能性がある。また、裁判例上、行為の時期や態様に照らして信義則上退任取締役でも上記義務を負うとしたもの[上記千葉地松戸支決平20.7.16]や、在任時の勧誘行為と不可分一体であるとして退任後の勧誘行為についても責任を負うとしたもの[東京地判平19.4.27労働判例940号25頁]もある。

　なお、退任により取締役に欠員が生じる場合、新任取締役が選任されるまでの間は取締役としての義務を免れることはできないので[会社法346条1項]、その間の引抜き行為は依然として上記義務違反の対象になりうる。

2◆損害賠償の金額

　従業員に対する引抜き行為により取締役が損害賠償責任を負う場合、現実的な問題として、その損害額はいくらになるであろうか。

　引抜き行為をした取締役が負うべき損害額は、当該行為と相当因果関係にある損害に限られるところ、たとえば裁判例では、引き抜かれた従業員の退職後3ヵ月の期間があれば当該従業員が所属していた事業部の体制は元の状態に回復可能であったとして、当該従業員の給料相当額3ヵ月分としたもの

がある[前出東京高判平元.10.26]。また、営業社員25名が引き抜かれた事案におい
て、訪問販売業における営業社員の定着率は非常に低く、新人の8割は入社
1年以内に退職することが多いこと等に鑑み、新人営業社員25名が6ヵ月稼
働した場合に会社にもたらしたであろう利益に相当する額としたものもある
[東京地判平11.2.22判例時報1685号121頁]。さらに、当該取締役が従業員の多数を引
き抜き得意先を奪った行為がなければ、少なくとも2年間は、業務を奪われ
る前5年間の1年間分の平均利益を得られたはずである等として、損害額を
2年間の平均営業利益と欠損の合計額としたもの[前橋地判平7.3.14判例時報1532号
135頁]等もみられる。

3◆引抜き禁止特約の有効性

　退任した取締役が在任していた会社の従業員の引抜き行為を行った場合、
基本的には取締役としての義務違反の問題が生じないことは上述のとおりだ
が、実務では、会社と取締役との間で競業避止特約や引抜き禁止特約を結ん
でいることがある。この場合、取締役は退任後も競業避止義務等を負うこと
になり、同特約に違反した場合は、当該取締役は債務不履行に基づく損害賠
償責任[民法415条]を負う可能性がある。

　もっとも、取締役も従業員同様に職業選択の自由[憲法22条1項]が保障されて
おり、原則として、競業他社等に就職することは自由であることから、それ
との関連性で上記特約の有効性が問題となる。取締役の退任後の競業避止特
約について裁判例は、必要かつ合理的な範囲を超える競業避止特約は公序良
俗[民法90条]に反して無効になるとしている。具体的には、制限の期間、制限
の場所的範囲、制限の対象となる職種の範囲、代償措置の有無等を総合的
に勘案して、必要かつ合理的な範囲といえるかが判断されることになる[東京
地判平21.5.19判例タイムズ1314号218頁等]。そのうえで、同裁判例は引抜き禁止特約
の有効性についても述べており、具体的には特約の必要性と特約によって当
該取締役が被る不利益の程度の比較考量によって判断されるとして、当該競
業避止特約は公序良俗に反せず、有効であるとした。

44 取締役の義務違反と損害の不発生、利益の発生

1◆取締役の任務懈怠責任の規定

　取締役の任務懈怠責任については、取締役がその任務を怠ったときは、会社に対し、これによって生じた損害を賠償する責任を負う旨規定されている[会社法423条1項]。これは、取締役の任務懈怠や義務違反により会社に損害が発生した場合に、会社の損害を補填するための規定である。そこで、任務懈怠や義務違反はあったものの、会社に損害が発生しなかった場合や、損害と同時に利益も発生した場合に、取締役がこの責任を負うかが問題になる。

2◆義務違反と取締役の任務懈怠責任

1◆義務違反によって損害が発生しなかった場合

　前述のとおり、取締役の任務懈怠責任は、取締役の任務懈怠や義務違反により会社に損害が発生した場合に、会社の損害を補填するための規定である。そのため、取締役に任務懈怠行為や義務違反行為が認められても、これによって会社に損害が生じたと認められなければ、取締役が本条項の責任を負うことはない。

2◆義務違反によって損害と利益が発生した場合

　取締役に任務懈怠行為や義務違反行為が認められても、会社に損害が生じたと認められない場合には、取締役が本条項の責任を負うことはないと解されるので、義務違反によって損害と利益が発生した場合、どの範囲で損益相殺（会社に損害が発生したものの、会社に利益も発生したときは、損害賠償の額から利益の額を控除すること）が認められるかが問題となる。

　この点について、一般論としては、取締役の義務違反等から会社が同時に

利益を受けたときは、場合により損益相殺もありうると解されている。

損益相殺に関する裁判例には、下記のようなものがある。

❶損益相殺を肯定した例［東京地判平2.9.28判例時報1386号141頁］

従業員の定年制に違反して定年後も雇用し続けた代表取締役の会社に対する損害賠償責任について、「過失相殺の法理の類推により、また前記の労働意欲維持の効果の可能性を考慮して損益相殺の要素をも加味し、原告（筆者注：会社）が被告（筆者注：取締役）に賠償を求めることができる額としては、右損害額の4割を減じて」として、損害額を減じた。

❷損益相殺を否定した例［東京地判平6.12.22判例タイムズ864号286頁］

取締役が会社の出捐により贈賄を行った場合、贈賄により受注した工事から得た利益は損益相殺の対象とならず、出捐額全額が会社の損害になるとした。

この事案は、会社の取締役であった被告が、町営施設の新築工事を受注できるように、町長に対し、競争入札の指名業者への指定および工事発注予定価格の教示を請託し、その謝礼として現金1400万円の賄賂を供与したというものだが、そのなかで、「本件贈賄行為により三和町から工事を受注できた結果、間組が利益を得た事実があるとしても、右利益は、工事を施工したことによる利益であって、例えば賄賂が返還された場合のように、贈賄による損害を直接に塡補する目的、機能を有するものではないから、損害の原因行為との間に法律上相当な因果関係があるとはいえず、損益相殺の対象とすることはできないと解すべきである。したがって、被告は供与した賄賂相当額全額について会社に対する損害賠償義務を負う」としている。これを敷衍すると、贈賄のような社会的悪性の強い法令違反行為は、損益の間に実質的因果関係があるようにみえても、損益相殺を否定すべきであると理解できる。

❸損益相殺の可能性を認めた例［東京地判昭61.5.29判例タイムズ622号180頁］

自己株式の取得がきわめて限定的な場合を除いて禁止されていた平成6年改正前商法下であるが、会社に生ずべき重大な損害を避けるため取締役が自己株式の取得を行った場合、損益相殺の余地があるとした。

この事案は、Ａ社が100％子会社[会社法2条3号]に自己株式を高値で取得させ、安値で売却させたというものであるが、子会社の損害は取得価格と売却価格の差額分の35億5160万円であり、同損害が実質的にはＡ社の損害であると認定し、自己株式取得に関与したＡ社の一部の役員に同額を連帯して賠償するよう判断している。そのなかで、一般論として「会社の受ける重大な損害を回避するために必要な対抗策としての自己株式の取得は、会社の発行済株式総数に占める割合、これの取得によつて被る会社の損害の程度等を勘案したうえ、なお相当なものとして許容される余地が全くないとはいえない」とし、禁止されている行為を行い損害が発生したとしても許容される可能性に言及し、損益相殺の余地を肯定している。

3◆損害賠償義務以外の責任

上記のとおり、義務違反によって損害が生じたと認められない場合や、損益相殺の結果損害が否定される場合には、取締役が任務懈怠を理由に損害賠償義務を負うことはない。とはいえ、義務違反は株主や会社との信頼関係を損なうため、取締役を解任される可能性はある。取締役の解任は、いつでも、何らの理由なく、株主総会の普通決議によって行うことができるとされており[会社法339条1項]（累積投票で選任された取締役を解任する場合には、特別決議による[会社法342条、309条2項7号]）、会社との信頼関係が喪失していると判断されただけで、いつでも解任されうる。

ただし、正当な理由なく取締役を任期満了前に解任した場合には、会社は取締役に対し、解任によって生じた損害を賠償しなければならない[会社法339条2項]。

この損害の範囲には、残任期間の報酬、支給が予想される役員賞与や役員退職金が含まれ、慰謝料や弁護士費用は含まれないと解される[大阪高判昭56.1.30判例時報1013号121頁参照]。そして、「正当な理由」に関して、直接的には取締役の責任に関する事例ではないが、持病の悪化により療養に専念するため、保有する株式を譲渡した取締役を解任した事案において、正当な理

由がないとはいえないとして、会社の損害賠償義務を否定した裁判例[最判昭57.1.21判例タイムズ467号92頁]や、会社の代表者等との折合いが悪くなり社内で孤立していた[東京地判昭57.12.23金融・商事判例683号43頁]、大株主である創業家との信頼関係が破壊された[東京地判平27.6.22ジュリスト1497号111頁]といった裁判例が、「正当な理由」の否定例としてあげられる。一方、取締役会で虚偽説明を行ったり、職務上の不正行為を行ったりしたこと[東京地判平30.3.29判例タイムズ1475号214頁]や、監査役の解任についての事例であるが、税務処理上の過誤を犯した監査役の解任について、「実害の有無、程度にかかわらず、監査役として著しく不適任」であり正当な理由があるとして、会社の損害賠償義務を否定した裁判例[東京高判昭58.4.28判例時報1081号130頁]が肯定例としてあげられる。

45 会社に対する責任の免除

1◆責任の免除における原則

　これまで述べてきたとおり、取締役がその活動により会社または第三者に損害を与えた場合には、民法上の債務不履行責任[民法415条]や不法行為責任[同法709条]、会社法上の任務懈怠責任[会社法423条1項]および第三者責任[会社法429条1項]等の規定により、損害賠償義務を負う可能性がある。

　この場合に、債権者となる会社または第三者が損害賠償請求権を放棄・免除することは、本来自由であるので、法令に特段の定めがなければ、取締役の責任は、当事者間（会社に対する責任の場合は会社との間、第三者に対する責任の場合は第三者との間）で合意があれば、免除できるのが原則である。もっとも、取締役の会社に対する責任[会社法423条1項等]の免除にあたっては、株主や会社の利益保護のため厳しい要件が定められている。

2◆会社に対する責任の全部免除

1◆任務懈怠責任の免除の特則

　取締役の会社に対する任務懈怠責任[会社法423条1項]の免除にあたっては、会社（厳密には経営層たる取締役会や代表取締役）が自由に免除することはできず、原則として総株主の同意が必要である[会社法424条]。なお、総株主の同意を得るには、具体的には各株主から同意書をとる方法が考えられるが、現実的には100％子会社[会社法2条3号]やオーナー会社等でなければ総株主の同意を得ることはむずかしいであろう。

2◆その他の責任の免除の特則

　その他、株主の権利行使に対する利益供与の責任[会社法120条4項]（ただし、

利益を供与した取締役を除く）、反対株主からの買取請求に応じて株式を取得した場合の責任[会社法464条1項]および欠損が生じた場合の責任[会社法465条1項]についても、総株主の同意によって、責任の全部免除をすることができる[会社法120条5項、464条2項、465条2項]。

3◆総株主の同意があっても全部免除できない責任

剰余金の配当に関する責任（違法配当に関する責任等）は、原則として免除されない。ただし、総株主の同意がある場合には、分配可能額を限度として責任の免除ができるとされている[会社法462条3項但書]。

3◆会社に対する責任の一部免除

取締役の会社に対する責任（利益相反取引のうち自己のための直接取引をした取締役の責任を除く[会社法120条4項括弧書、428条2項]）は、取締役が職務を行うにつき善意・無重過失であったときは、以下の方法で、賠償額の一部を免除できる。

取締役の責任の一部免除の制度趣旨は、取締役が軽微な過失により巨額の損害賠償責任を負うことをおそれ業務執行が萎縮することを防止し、かつ社外取締役[会社法2条15号]の人材の確保を容易にする点にある。

1◆株主総会の特別決議

株主総会の特別決議[会社法309条2項8号]により、一定の限度で（賠償責任額から最低責任限度額[＊1]を控除して得た額を限度として）、その取締役の責任を免除することができる[会社法425条1項]。

2◆定款の定めに基づく取締役・取締役会の決定

会社法426条1項によると、①監査役設置会社[会社法2条9号]（取締役が2人以上の場合に限る）、監査等委員会設置会社[会社法2条11号の2]または指名委員会等設置会社[会社法2条12号]において、定款に、取締役（当該責任を負う取締役を除く）の過半数の同意（取締役会設置会社[会社法2条7号]にあっては、取締役会の決議）の決定により責任を免除する旨を定めた場合において、②取締役の任務懈怠責任に関し、③取締役が職務を行うについて善意でかつ重大な過失がなく、④

責任の原因となった事実の内容、当該取締役の職務の執行の状況その他の事情を勘案して特に必要と認めるときは、⑤上記定款の定めに従い、取締役会設置会社であれば取締役会の決議によって、取締役会非設置会社では取締役（当該責任を負う取締役を除く）の過半数の同意によって、一定の額（賠償責任額から最低責任限度額を控除して得た額）を限度として取締役の責任を免除することができる。

3◆責任限定契約

実務では、「責任限定契約」の締結が広く用いられている。

会社法427条1項によると、①定款に責任限定契約を締結できる旨を定め、②非業務執行取締役等一般が、③その職務を行うについて善意でかつ重大な過失がない場合に、一定の額（定款に定めた額の範囲内であらかじめ株式会社が定めた額と最低責任限度額とのいずれか高い額）を限度とする旨の契約を締結した場合には、その限度を超える責任を免除することができる。

以上を図解すれば、次頁の図のとおりである。

1＊最低責任限度額とは、次のa～cの合計額である。
　a：原則として、責任の原因となる事実が生じた日（2以上の日がある場合にはもっとも遅い日）を含む事業年度［会社法施行規則113条1号ハ］以前の各事業年度に、その取締役が会社から職務執行の対価として受け、または受けるべき財産上の利益の事業年度ごとの合計額［会社法施行規則113条1号柱書］のうちもっとも高い額に「4」を乗じた額［会社法425条1項1号］。ただし、代表取締役の行為に関する責任が免除の対象である場合には、上記「4」が「6」となり、一方、社外取締役の行為に関する責任が免除の対象である場合には、上記「4」が「2」となる［会社法425条1項1号イ・ハ］。
　b：原則として、その取締役が会社から受けた退職慰労金の額、使用人兼務取締役であった場合の使用人としての退職手当中の取締役在任期間の職務執行の対価である部分の額、およびこれらの性質を有する財産上の利益の額の合計額と、その合計額をその職にあった年数で除した額に「4」を乗じた額とのいずれか低い額［会社法425条1項1号、会社法施行規則113条2号］。ただし、代表取締役の行為に関する責任が免除の対象である場合には、上記「4」が「6」となり、一方、社外取締役の行為に関する責任が免除の対象である場合には、上記「4」が「2」となる［会社法施行規則113条2号ロ］。
　c：その取締役が有利発行を受けた新株予約権［会社法2条21号］を取締役就任後に行使したときは、行使時における株式の時価から1株当たりの新株予約権の払込み金額（無償で付与されたものでない場合）および権利行使価額の合計額を控除し、その額に行使により交付を受けた株式数を乗じて得た額。なお、もしその新株予約権を取締役就任後に譲渡したときは、各新株予約権の譲渡価額からその払込み金額（無償で付与されたものでない場合）を控除した額に譲渡権利数を乗じた額［会社法425条1項2号、会社法施行規則114条］。

役員等の任務懈怠責任の免除・限定

	代表取締役・代表執行役	業務執行取締役・執行役（代表取締役・代表執行役を除く）	左記以外の取締役・会計参与・監査役・会計監査人
株主全員の同意による免除 [424条]	責任全部について可能		
責任追及等の訴えにおける訴訟上の和解による免除 [850条4項]	責任全部について可能		
株主総会決議による一部免除 [425条]	軽過失責任に限り、最低責任限度額（報酬等の6年分）を超える分について可能	軽過失責任に限り、最低責任限度額（報酬等の4年分）を超える分について可能	軽過失責任に限り、最低責任限度額（報酬等の2年分）を超える分について可能
定款の規定に基づく取締役等による一部免除 [426条] [注1]			
定款の規定に基づく責任限定契約 [427条]	不 可	不 可	

[注1] 取締役が2人以上いる監査役設置会社または委員会型の会社に限って利用可能 [426条1項]

出所：田中亘著『会社法〔第3版〕』（東京大学出版会、2021年）344頁

46 取締役の責任の消滅時効と相続

1◆時効による責任の消滅

　時効による責任の消滅については、取締役の責任ごとに検討することが有益である。取締役の責任には大要、①会社に対する責任[会社法423条1項]、②第三者に対する責任[会社法429条]とその求償、③不法行為責任[民法709条]とその求償が考えられる。

　なお、周知のとおり、2020（令和2）年4月1日に施行された現在の改正民法において消滅時効あるいは法定利率等々に関する規定が大幅に改正され、従前は民事と商事で異なっていた消滅時効期間や法定利率が同一のものとなった。この点にも留意のうえ、過去の裁判例を紹介する。

1◆会社に対する責任[会社法423条1項]

　取締役の会社に対する責任の消滅時効について、旧民法時代の判例であるが、旧民法167条1項が適用され、「権利を行使することができる時」[旧民法166条1項]から10年間行使しない場合に時効により消滅するとし、旧商法522条（現在は削除）による5年間の短期消滅時効の適用を否定した[最判平20.1.28判例時報1995号151頁]。この点、現在の民法の規定によれば、当該取締役が任務懈怠により会社に損害を与え[会社法423条1項]、損害賠償請求できることを会社が知ったときから5年間行使しないときあるいは損害賠償請求できる時から10年間行使しないとき、いずれか早いほうの経過によって消滅時効が成立する[民法166条1項]。

　なお、時効による債権消滅には、時効の援用の意思表示（時効によって利益を受ける者が時効の成立したことを主張すること）が必要とされる。また時効完成後に債務を承認した場合、時効の援用が許されなくなる[最判昭41.4.20民

集20巻4号702頁]。

2◆第三者に対する責任[会社法429条1項]とその求償

取締役の第三者に対する責任の消滅時効についても、旧民法時代の判例は、取締役の会社に対する責任の場合と同様に旧民法167条1項を適用し、権利を行使することができるときから10年間行使しない場合に時効により消滅するとした[最判昭49.12.17民集28巻10号2059頁]。この点に関しては、不法行為に基づく損害賠償請求に関する短期消滅時効[旧民法724条]が適用され、3年の消滅時効にかかるとの見解もあるが、上記判例は、取締役の第三者に対する損害賠償責任は不法行為責任たる性質を有するものではなく、旧民法724条は適用ないし類推適用されないとした。

また、会社が取締役に代わって第三者に対して責任の賠償をした場合に、会社は取締役に対して求償をすることが考えられるが、当該求償債権の消滅時効は、求償権を行使できるとき（＝求償権を行使できることを知ったとき）から起算して5年または求償権を行使しうるときより10年の消滅時効にかかる[民法166条1項]。

3◆不法行為責任[民法709条]とその求償

取締役の不法行為に基づく損害賠償責任[民法709条]は、民法724条により、被害者またはその法定代理人が損害および加害者を知ったときから3年間行使しないときに、時効によって消滅する。

また、会社が取締役に代わって第三者に対して不法行為責任の賠償をした場合に、会社は取締役に対して求償をすることが考えられるが、当該求償債権の消滅時効は、求償権を行使することができるとき（＝求償権を行使できることを知ったとき）から起算して5年または求償権を行使しうるときより10年の消滅時効にかかる[民法166条1項]。

2◆相続による責任の承継と相続放棄

1◆相続による責任の承継

取締役の会社に対する責任、第三者に対する責任または不法行為責任は、

取締役の一身専属義務ではなく、死亡してもその責任（損害賠償義務）は消滅せず、相続人に相続される[民法896条]。このことは、相続時に取締役の行為が違法であるとの指摘がなされておらず、相続放棄等の手続きをとることが事実上不可能だったとしても同様である。

そのため、取締役を経験したことがある者が死亡した場合、その者の相続人は、株主代表訴訟を提起されるリスクを負うことになる。

2◆相続放棄

上記のリスクを避ける方法としては、相続放棄[民法938条]や限定承認[民法922条]が考えられる。

相続放棄とは、相続開始によって、被相続人に属していた一切の権利義務が相続人に当然帰属する効果を拒否する行為（相続の効果を相続開始のときに遡って消滅させる意思表示）をいい、限定承認とは、被相続人の債務および遺贈によって生じた債務は相続財産の存する限度で弁済し、相続人自身の固有財産をもって責任を負わないという留保付きで承認することをいう。

3◆相続の承認・放棄・限定承認の熟慮期間

相続の承認・放棄・限定承認は、相続人が「相続の開始があったことを知った時」から「3箇月以内」になされなければならない[民法915条1項]。つまり、相続人は、3ヵ月の法定期間内であれば、相続の放棄や限定承認ができ、この3ヵ月の期間は、熟慮期間と呼ばれている。

熟慮期間の起算点は、「相続開始の原因たる事実及びこれにより自己が法律上相続人となつた事実を知った場合には、通常、右各事実を知つた時から三か月以内に、調査すること等によって、相続すべき積極及び消極の財産（以下「相続財産」という。）の有無、その状況等を認識し又は認識することができ、したがつて単純承認若しくは限定承認又は放棄のいずれかを選択すべき前提条件が具備されるとの考えに基づいているのであるから、熟慮期間は、原則として、相続人が前記の各事実を知つた時から起算すべきものである」[最判昭59.4.27判例時報1116号29頁]とされている。そのため、相続人が被相続人の死亡および自身が相続人となったことを知り、3ヵ月の熟慮期間が経過した場合

には、相続放棄ができなくなるのが原則である。

　しかし、あとから被相続人の多額の債務が判明するなどした場合には相続人にとって過酷なため、同判例は、「相続人が、右各事実（筆者注：相続人が被相続人の死亡および自身が相続人となったこと）を知つた場合であつても、右各事実を知つた時から三か月以内に限定承認又は相続放棄をしなかつたのが、被相続人に相続財産が全く存在しないと信じたためであり、かつ、被相続人の生活歴、被相続人と相続人との間の交際状態その他諸般の状況からみて当該相続人に対し相続財産の有無の調査を期待することが著しく困難な事情があつて、相続人において右のように信ずるについて相当な理由があると認められるときには、相続人が前記の各事実を知つた時から熟慮期間を起算すべきであるとすることは相当でないものというべきであり、熟慮期間は相続人が相続財産の全部又は一部の存在を認識した時又は通常これを認識しうべき時から起算すべきものと解するのが相当である」として、例外を認めている。

　すなわち取締役を経験したことがある者が死亡し、その相続人が相続放棄をしないまま熟慮期間が経過してしまつたあとに、この取締役経験者に対して株主代表訴訟が提起され、その責任が認められると、相続人は取締役の責任を相続し、相続放棄をすることが許されなくなるのが原則である。しかし、責任の存在を知らなかつた相続人としては、①被相続人に相続財産がまつたく存在しないと信じたこと、②被相続人の生活歴、被相続人と相続人との間の交際状態その他諸般の状況からみて当該相続人に対し相続財産の有無の調査を期待することが著しく困難な事情があつたこと、③相続人において上記のように信ずるについて相当な理由があると認められること、を主張・立証し、裁判所に対し相続放棄の申述をすることが考えられる。

　なお、これらの主張・立証には専門性があるので、弁護士に相談するとよいであろう。

47 株主代表訴訟

1◆株主代表訴訟の定義と趣旨

　報道等でも株主代表訴訟という単語をよく耳にするが、株主代表訴訟とは、取締役等の役員が善管注意義務・忠実義務に違反する等して会社に対し損害賠償義務を負う場合に、会社の損害を回復するため、個々の株主が、会社のために、取締役等に対する損害の賠償を請求する制度である[会社法847条]。

　株主代表訴訟の趣旨は、取締役等の会社に対する責任については本来、損害を被った会社自身（取締役の会社に対する責任を訴訟上追及する場合には、監査役設置会社[会社法2条9号]では監査役が会社を代表し[会社法386条1項]、監査等委員会設置会社では監査等委員等が会社を代表し[会社法399条の7第1項]、指名委員会等設置会社[会社法2条12号]では監査委員等が会社を代表し[会社法408条1項]、それ以外の会社では代表取締役または取締役と会社との間の訴訟について会社を代表する権限を有する者が会社を代表する[会社法353条、364条]）が追及すべきだが、監査役等も取締役とは同じ役員同士であり、会社が取締役に対し責任を追及しないという事態も考えられるため、個々の株主が、会社のために取締役等に対する損害の賠償を請求することを認める点にある。

2◆提訴権者、提訴手続き、責任の範囲

1◆提訴権者

　公開会社[会社法2条5号]では、株主代表訴訟を提起できるのは、6ヵ月前（定款による短縮可能）より引き続き株式を有する株主である[会社法847条1項]。他方、公開会社でない会社では、この株式保有期間の要件はなく、単に株主であれば株主代表訴訟を提起できる[会社法847条2項]。このような違いがあるのは、公

株主代表訴訟

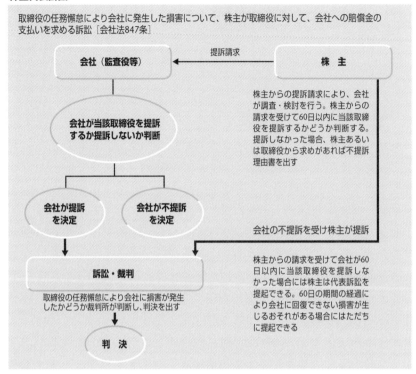

取締役の任務懈怠により会社に発生した損害について、株主が取締役に対して、会社への賠償金の支払いを求める訴訟［会社法847条］

会社（監査役等）　←　提訴請求　　株主

会社が当該取締役を提訴するか提訴しないか判断

株主からの提訴請求により、会社が調査・検討を行う。株主からの請求を受けて60日以内に当該取締役を提訴するかどうか判断する。提訴しなかった場合、株主あるいは取締役から求めがあれば不提訴理由書を出す

会社が提訴を決定　　会社が不提訴を決定

会社の不提訴を受け株主が提訴

訴訟・裁判

取締役の任務懈怠により会社に損害が発生したかどうか裁判所が判断し、判決を出す

株主からの請求を受けて会社が60日以内に当該取締役を提訴しなかった場合には株主は代表訴訟を提起できる。60日の期間の経過により会社に回復できない損害が生じるおそれがある場合にはただちに提起できる

判　決

開会社においては、株主代表訴訟の濫用を防ぐ必要性が高いためである。

　また、単元未満株主が株主代表訴訟を提起できるかは、定款の規定による。すなわち、単元未満株主の権利について、一部の重要な権利[*1]を除いて、定款によって排除できる旨が規定されており［会社法189条2項］、株主代表訴訟の提訴権も排除できると解されている。

2◆提訴手続き

　株主（公開会社では6ヵ月前から引き続き株式を有する場合に限る）は、株主

1 * 定款によって排除できない単元未満株主の権利としては、全部取得条項付種類株式の取得対価の交付を受ける権利［会社法189条2項1号］、取得条項付株式［会社法2条19号］の取得と引換えに金銭等の交付を受ける権利［会社法189条2項2号］、株式無償割当てを受ける権利［同項3号］、単元未満株式の買取請求権［同項4号］および残余財産の分配を受ける権利［同項5号］等がある。

代表訴訟を提起する前に、まず会社（監査役設置会社[会社法2条9号]の取締役の責任を追及するときは監査役[会社法386条2項1号]、監査等委員会設置会社では監査等委員[会社法399条の7第5項1号]、指名委員会等設置会社[会社法2条12号]では監査委員[会社法408条3項1号]、それ以外の会社においては代表取締役または取締役と会社との間の訴訟について会社を代表する権限を有する者[会社法353条、364条]）に対し、書面その他の法務省令[会社法施行規則217条]に定める方法により、取締役等の責任を追及する訴えを提起するよう請求しなければならない。

会社がこの請求に応じて、請求の日から60日以内に訴えを提起したときは、その訴訟で上記の請求の目的が実現されることになるが、会社がその請求の日から60日以内に訴えを提起しないときは、その株主は、会社のために株主代表訴訟を提起することができるようになる[会社法847条1項〜3項]。

ただし、60日間の期間の経過を待っていたのでは会社に回復することができない損害が生じるおそれがある場合（たとえば、取締役の責任が時効により消滅してしまう場合や、被告となるべき取締役が財産を隠匿するおそれがある場合など）には、株主は上記の請求をせずにただちに株主代表訴訟を提起することができる[会社法847条5項]。

なお会社は、上記の60日間の期間内に訴えを提起しない場合に、請求をした株主または請求対象者である取締役等から請求を受けたときは、その請求者に対し、遅滞なくその訴えを提起しない理由を書面その他の法務省令[会社法施行規則218条]に定める方法により通知しなければならない[会社法847条4項]。

取締役等の責任を追及する訴えが当該株主もしくは第三者の不正な利益をはかり、または会社に損害を加えることを目的とする場合は、株主は提訴を請求できず[会社法847条1項但書]、その株主が株主代表訴訟を提起しても訴訟要件を満たさないものとして却下される[具体的な要件については本書48参照]。

なお、上場会社で純粋持株会社の形態が増えたという実情に鑑みて、2014（平成26）年会社法改正により多重代表訴訟制度が創設された[会社法847条の3第1項]。この制度により、「最終完全親会社」（当該株式会社の完全親会社等でありその完全親会社等がないもの）[同条同項]において6ヵ月前より引き続き株式を有

している者は、完全子会社の取締役等に対して株主代表訴訟を提起できる（ただし、定款で特別の定めがない限り、発行済株式の100分の1以上の株式の保有が必要である）。

3◆責任の範囲

　株主代表訴訟によって追及される取締役の会社に対する責任の範囲については、取引上の債務を含めて取締役の会社に対する一切の責任が含まれると解するのが通説である[＊2]。

　取締役の在任中にいったん発生した責任は、たとえ取締役が退任したあとであっても、株主代表訴訟によって追及されうる[東京地判平6.12.22判例時報1518号3頁]。

3◆近時の株主代表訴訟の例

　近時、大きく報道された例としては、2011（平成23）年3月11日に起きた東日本大震災による福島第一原発の事故をめぐり、東京電力の株主が旧経営陣5名に対し、合わせて22兆円を会社に賠償するよう求め株主代表訴訟を提起した例がある。裁判所は、旧経営陣5名のうち4名について、取締役としての善管注意義務違反による任務懈怠があり事故との因果関係が認められるとして、会社への13兆3210億円の賠償を命じた[東京地判令4.7.13]（ちなみに、同時期の刑事裁判では、業務上過失致死傷罪で強制起訴された東京電力の旧経営陣3名について、東京高裁は一審東京地裁判決と同様に無罪とした[東京高判令5.1.18]）。

2＊この点、反対説は、代表訴訟によって追及される取締役の会社に対する責任の範囲について、任務を怠ったことに基づく責任および資本充実責任に限定している。しかし、責任の範囲を限定すべき規定上の根拠がなく、また、本制度の趣旨（役員同士の関係等から取締役に対し責任追及がなされないという事態が考えられる点）は取締役の責任の種類にかかわらず妥当するため、通説の立場が合理的である（同旨の裁判例として、株主代表訴訟によって追及することのできる取締役の責任の範囲には、不動産所有権の真正な登記名義の回復義務も含まれるとした大阪高判昭54.10.30判例タイムズ401号153頁がある）。なお、株主代表訴訟の対象となる取締役等の責任の範囲を明確にした初めての最高裁判決[最判平21.3.10判例時報2041号139頁]は、「全債務説と限定説の中間的な立場をとるようである」[田中亘著『会社法〔第3版〕』（東京大学出版会、2021年）353頁]とされている。

48 株主代表訴訟への対応

1◆株主代表訴訟の事前対策

1◆法令を遵守する

　まず、取締役の経営判断により結果的に損害が発生したとしても、経営判断の原則が適用される可能性があり、その場合、取締役は責任を負わない。しかし、法令違反については経営判断の原則は適用されず[本書32参照]取締役が責任を負うリスクが高まるので、取締役としては、まず第一に法令を遵守する必要がある。

　そのためには、法務部門を充実させることや、取締役自身が法令につき研鑽を怠らないこと、問題となりそうな行動については弁護士等の専門家の意見を確認しておくことが重要である[*1]。

2◆経営判断の原則の適用を受けるための対策

　前述のように、取締役の経営判断の結果、会社に損害が発生した際は、経営判断の原則が適用される可能性があり、取締役が責任を負わない場合がある。その要件は、①経営判断の前提となる事実認識の過程、情報収集とその分析において不注意な誤りがなく、②事実に基づく意思決定の推論過程および内容が著しく不合理なものでないことが必要である[本書32.55参照]。

　そこで、この要件に照らし、十分な情報収集、資料分析、弁護士等の専門

1＊ちなみに、最判平12.7.7［判例時報1729号28頁］では、証券会社の大口顧客への損失補填をめぐる株主代表訴訟において、損失補填が独占禁止法違反に該当するという認識が当該取締役のみならず行政当局を含む会社内外になかったことを「やむを得ない事情」として、取締役に過失はなかったとして損害賠償責任を否定している。しかし、この判決から四半世紀近くが経過し、法令遵守の重要性がより強く指摘される社会的状況にあっては、法令違反について過失なしとして責任を免れる可能性は期待できないという指摘もあることに注意すべきであろう［神作裕之ほか編『会社法判例百選〔第4版〕』（有斐閣、2021年）99頁参照］。

家の意見を確認しておく、一部の取締役の判断に委ねず取締役会において慎重な検討を行う、専門家を交えた検討委員会等を設置して検討を行う等、十分な対応を講じておくことが重要である。

また、実際に訴訟になった場合には証拠が必要となるので、上記の収集した資料の管理、資料を分析した結果の記録化、専門家の意見書の徴収、取締役会や検討委員会の議事録の作成等も欠かせない。

3◆監査機能の強化

監査役による監査強化によっても、株主代表訴訟の対象になる違法行為の芽を摘むことができる。これまでのわが国の企業は、監査機能を軽視する傾向にあったことから（特に、中小企業では名目的な監査役も多いようである）、今後は監査役に実務経験のある者や専門家を登用することや監査役が法律知識の研鑽を積むことも重要になる。

4◆株主に対して説明を尽くしておく

株主が誤解に基づいて株主代表訴訟を提起するケースも見受けられる。このような誤解を避けるためには、会社が日頃から株主に対して経営の状況等を丁寧に説明しておくことが肝要である。たとえば自社ホームページのIR情報や株主総会での説明を充実させたり、株主総会での質疑応答を丁寧に行う、あるいは経営説明会のような行事の実施等の対策も考えられる。

2◆株主代表訴訟の事後対策

1◆資料の収集と弁護士の選任

株主代表訴訟の対象とされる行為は取締役が会社に損害を生じさせたことを理由としており、株主代表訴訟が提起される場面では本来的には、会社が被害者、取締役が加害者という対立関係にある。そのため、会社としては安易に取締役を支援することは許されず、取締役としてもこれを期待しづらい。そこで基本的には、被告とされた取締役自身において資料を収集し、弁護士を選任する等の事後対策をとることになる。

まず、資料の収集については、取締役自身が保有している手帳やメール等

を保存しておくことや、不提訴理由通知制度[＊2]を利用して会社が被告取締役に対して責任追及の訴えを提起しないとした理由を確認しておくこと等が考えられる。

　また、弁護士の選任にあたっては、会社の実情を把握しているという点で、会社の顧問弁護士を選任したいという側面もあろうが、被告取締役と会社の利益が相反する可能性があるため、会社の顧問弁護士以外の弁護士を選任することが適切である。この場合、自身で信頼できる弁護士を探すほか、会社の顧問弁護士から弁護士の紹介を受ける方法も考えられる。

2◆提訴請求権の濫用

　取締役等の責任を追及する訴えが当該株主もしくは第三者の不正な利益をはかり、または会社に損害を加えることを目的とする場合は、提訴請求権の濫用として、株主は会社に対して提訴を請求することができない[会社法847条1項但書。本書47参照]。もともと株主代表訴訟は提訴請求を要件とするものであることより、仮にその株主が株主代表訴訟を提起しても、提訴請求が濫用に当たる場合には訴訟要件をみたさないものとして却下される。

　そのため、取締役としては、事情によっては提訴請求権濫用を基礎づける具体的な事実を主張立証して訴えの却下を求めることになる。裁判例では、会社から金銭を喝取する等の不当な個人的利益獲得の意図に基づく提訴[長崎地判平3.2.19判例時報1393号138頁]や、会社と意思を通じた申立手数料の節約をはかることを目的とする提訴[東京地判平8.6.20判例時報1578号131頁]等が権利の濫用に当たるとされている。

3◆担保提供の要求

　株主代表訴訟が提起された場合に、被告とされた取締役において、訴訟提起が原告株主の悪意によることを疎明したときは、株主に対し担保提供を命じるよう裁判所に申立てができる[会社法847条の4第2項・3項]。ここにいう担保と

2＊不提訴理由通知制度とは、会社が取締役に対して60日以内に訴訟を提起しなかった場合に、株主や取締役等が会社に対して不提訴の理由の通知を求めることができる制度[会社法847条4項、本書47参照]である。

は、訴訟提起が不法行為を構成する事案において、被告取締役が提訴株主に対して損害賠償請求をする場合の担保という意味である。

上記にいう「悪意」とは、提訴株主の請求に理由がなく、かつ同人がそのことを知って訴えを起こした場合を指し（不当訴訟要件）、請求に理由がないとは、①請求原因が主張自体失当なこと、②立証の見込みが低いこと、③被告の抗弁成立の蓋然性が高いこと等と一般に解されている [江頭憲治郎著『株式会社法〔第8版〕』（有斐閣、2021年）520頁。東京高決平7.2.20判例タイムズ895号252頁、大阪高決平9.11.18判例時報1628号133頁参照。両決定とも、株主に担保提供を命じた原決定を取り消した]。

また、「悪意」は、提訴株主が代表訴訟を手段として不法不当な利益を得ようとする場合にも認められる [前掲江頭521頁]。職業的特殊株主（いわゆる総会屋）の提訴 [東京地決平8.6.26金融法務事情1457号40頁] 等がこれに当たるとされている。

「相当の担保」の金額は、被告取締役が将来原告株主に対して損害賠償請求訴訟を提起すれば認容される額が主要な基準となり、これは、被告取締役の弁護士費用、被告取締役の精神的苦痛に対する慰謝料および提訴株主の悪意の態様等が考慮されうる。実際には、被告取締役1名につき300万〜1000万円程度の金額となる例が多いようである [前掲江頭521頁]。

株主代表訴訟を提起した原告株主が担保の提供を命じられたにもかかわらず、担保を提供しなかった場合、株主代表訴訟は却下される。たとえば後述4〔株主に対する損害賠償請求〕の東京地判平10.5.25に関連する事案でも、原告株主が会社の元取締役および監査役合計29名を被告として総額1520億円の株主代表訴訟を提起したところ、裁判所が原告株主に対し請求原因のひとつについて各300万円（合計3900万円）の担保の提供を命じたところ、原告株主が期間内に担保の提供をしなかったことから、当該請求原因にかかる訴えが却下された。

4◆株主に対する損害賠償請求

株主による被告取締役に対する株主代表訴訟の提起が不法行為を構成する場合に、被告取締役が提訴株主に対して損害賠償を請求することも考えられる。

判例でも、株主代表訴訟の提起に関する事案ではないが、訴訟の提起一般について、「訴えの提起が相手方に対する違法な行為といえるのは、当該訴訟において提訴者の主張した権利又は法律関係（以下「権利等」という。）が事実的、法律的根拠を欠くものであるうえ、提訴者が、そのことを知りながら又は通常人であれば容易にそのことを知りえたといえるのにあえて訴えを提起したなど、訴えの提起が裁判制度の趣旨目的に照らして著しく相当性を欠くと認められるときに限られる」としたうえで、訴訟を提起された被告の原告に対する損害賠償の可能性を認めたものがある[最判昭63.1.26判例時報1281号91頁][＊3]。

　なお、株主代表訴訟で被告とされた取締役らが、担保提供命令を発せられた提訴者（株主）を相手に損害賠償を求めた事案としては、東京地判平10.5.25[判例タイムズ1039号201頁]があるが、前掲最判昭63.1.26が引用されつつ、取締役らの請求が棄却されている。

---

3 ＊ 同判例は、土地の売買等をめぐり、土地を買い受けたYが測量を行ったXに対して測量結果に誤りがあったため損害を被ったことを理由に500万円を請求する前訴を提起し、Yの請求が認められなかった（Yが敗訴した）ところ、当該前訴を提起されたXがYに対して、Yが前訴を提起したことが不法行為に当たると主張して、弁護士に支払った報酬等相当の80万円の損害賠償を請求する後訴を提起したという事案であり、訴えの提起が不法行為となるのはどのような場合かという点が争点になり、結論として、YがXに対して前訴を提起したこと自体は不法行為に当たらないと判断したものである。

49 株主代表訴訟における被告取締役への会社の支援

1◆株主代表訴訟における会社の立場

　会社としては、取締役が違法行為を行った等として株主代表訴訟を提起された場合、会社の信用を保ち、また取締役に職務に専念してもらうことを考え、その他株主権の濫用に当たるような株主代表訴訟を排除するため、被告となった取締役に対し協力や支援を行いたいと考える場合がある。

　他方で、株主代表訴訟の対象となる取締役の行為は、取締役が会社に対して負っている義務に違反し、会社に損害を生じさせたことを理由としており、その株主代表訴訟の主張に理由があれば、会社が被害者、取締役が加害者という対立関係にある。そのため、会社は安易に取締役に対し支援や協力を行うことが許されない立場にもある。

　この場合、株主は取締役に対し疑いを抱いているとしても、当該取締役にまったく責任がないことが明らかな場合であれば、会社が取締役に対しある程度の支援や協力をすることも許されよう。

　以下では、会社が取締役に対して支援・協力ができる方法や範囲について検討する。

2◆会社が被告取締役側に補助参加することの可否

　補助参加とは、訴訟の係属中、当事者の一方の勝訴について法律上の利害関係を有する第三者が、その当事者を補助して訴訟を追行するために訴訟に参加することをいう[民事訴訟法42条。伊藤眞著『民事訴訟法〔第7版〕』(有斐閣、2020年)684頁]。

　会社が被告とされた取締役を補助するために被告取締役側に補助参加することの可否は、これまで裁判上でも問題となってきたが、会社法849条1項

本文が「株主又は株式会社は、共同訴訟人として、又は当事者の一方を補助するため、責任追及等の訴え（適格旧株主にあっては第847条の２第１項各号に掲げる行為の効力が生じた時までにその原因となった事実が生じた責任又は義務に係るものに限り、最終完全親会社等の株主にあっては特定責任追及の訴えに限る。）に係る訴訟に参加することができる」と規定し、条文上、当該問題は解決された。そのため、会社は株主代表訴訟の訴訟手続きにおいて、被告とされた取締役に協力することができる。

なお株主代表訴訟は本来的には、会社が被害者、取締役が加害者と主張されているという対立関係にあるので、会社が株主代表訴訟に補助参加する場合、会社の判断の適正を確保するため、監査役設置会社[会社法2条9号]では監査役の同意（監査役が２名以上あるときは監査役全員の同意[会社法849条3項1号]）、監査等委員会設置会社では監査等委員全員の同意[同条項2号]、指名委員会等設置会社[会社法2条12号]では監査委員全員の同意が必要となる[同条項3号]。

3◆情報提供による支援の可否

取締役に対し支援や協力を行うことによって加害者と主張されている取締役を不当に利することにならなければ、会社が取締役を支援することが許されると思われる。

たとえば、訴訟において被告取締役に有利に作用する証拠資料を提供することや、社員が積極的に事情説明に応じることは、客観的な真実を解明する作用と評価できるため、支援として許されると解される。

もっとも、このような場合であっても、費用を会社が負担することは、取締役が会社に損害を生じさせたとの疑いを生じるため、事後の紛争を避けるためにも、控えるべきと思われる。

また、取締役に責任が認められる事案において、取締役を敗訴に導く可能性のある証拠を破棄・隠匿し、取締役の敗訴を免れさせる行為は、責任を負うべき取締役を不当に利することになり、許されない。

4◆社員を使用することの可否

　取締役が訴訟に対応することは、一般的には会社の業務ではなく、私的な行為と解される。そのため、当該行為に業務として社員を使用するのは社員の会社に対する職務専念義務に反するおそれがある。社員を使用する場合、勤務時間外に個人として支援してもらうのが望ましい。

　もっとも、株主代表訴訟が株主権の濫用に当たるような場合、取締役が訴訟に対応することが会社の利益、信用を守ることにつながることもある。このようなケースでは、社員が訴訟に対応することは、会社の業務といえるので、社員を使用することも許されよう。

5◆顧問弁護士への依頼の適否

　顧問弁護士への依頼の適否については、本書**48**で述べたとおり、被告取締役と会社の利益が相反する可能性があるため、会社の顧問弁護士以外の弁護士を選任することが適切である。

50 補償契約および 役員等賠償責任保険契約

1◆取締役の負担軽減と人材確保に向けた施策

　役員等[会社法423条1項]は、業務の適正性の見地より、会社法により責任と義務を負うこととなっている。そのため、役員等が責任を問われるおそれから過度に萎縮した経営判断をしたり、また、責任問題がネックとなり優秀人材が役員等への就任を敬遠するという可能性もある。

　こうしたおそれより、従前から実務では、役員等が、職務の執行に関して責任を追及されたことによる費用等を会社が補償する契約を役員等と結んだり、あるいは、そのような費用等を填補するための保険契約を会社と保険会社との間で結ぶなどの対応がなされてきた。ただ、これら会社による補償契約も会社による保険契約も、会社と役員等との間では利益相反となるおそれがあるとの議論もあり、また、契約締結の手続きや要件も確立されたものはなかった。

　そこで、2019（令和元）年の会社法改正により、役員等（取締役、執行役、監査役、会計監査人、会計参与）に対する会社による補償および費用支払いのための保険契約が可能であることについて、補償契約[会社法430条の2]および役員等賠償責任保険契約（D&O保険）[会社法430条の3]の規定が新設された。

2◆補償契約

　補償契約とは、役員等に対して、①役員等が執務に関して、法令に違反したことが疑われまたは責任の追及に関する請求を受けたことに対処するために支出した費用（防御費用）、②役員等が執務に関して、第三者に生じた損害の賠償責任を負う場合の損害賠償金、和解成立により金銭を支払うことに

よる和解金、以上の全部または一部を会社が補償する契約とされている。会社が補償契約の内容を決定するには、取締役会設置会社では取締役会の決議、取締役会非設置会社では株主総会の決議による[会社法430条の2第1項]。

この補償契約については、補償契約の趣旨により利益相反取引に関する任務懈怠の推定規定[会社法423条3項]および無過失責任規定[会社法428条1項]は適用されないとされている[会社法430条の2第6項]。これらの規定が適用されると、解釈次第では補償契約を締結する意義が失われかねないからである[江頭憲次郎著『株式会社法[第8版]』(有斐閣、2021年)484頁]。

役員等が負う任務懈怠による責任[会社法423条1項]など、第三者に対してではなく会社に対する責任による役員等の損失を会社が補償する契約は認められない。こうした契約を認めると、役員等の会社に対する責任を事前に減免することとなり、会社に対する任務懈怠責任の減免に関する規定[会社法424条～427条]に反する結果となるからである。一方、防御費用は、会社に対する責任や第三者に対する責任があると疑われ、これに対応するための各種調査の費用や弁護士に依頼するため等の費用であり、補償の対象とされる。ただ、通常要する費用の額を超える部分については補償されないとされている[会社法430条の2第2項1号]。

また、取締役会設置会社においては、補償契約に基づく補償をした取締役および当該補償を受けた取締役（指名委員会等設置会社では執行役も含む）は、その補償についての重要な事実を取締役会に対して遅滞なく報告する義務がある[会社法430条の2第4項5項]。そして、公開会社[会社法2条5号]は、補償契約に関する一定の事項（補償契約を締結している取締役の氏名、当該契約の内容、費用を補償した場合に当該取締役が責任を負うこと等、知ったときはその旨、など）を事業報告[会社法435条2項]で開示しなければならない[会社法施行規則119条2号、121条3号の2～3号の4]。

3◆役員等賠償責任保険契約（D&O保険）の概要

役員等賠償責任保険契約[会社法430条の3]とは、役員等を被保険者、保険会社

を保険者、会社が保険契約者として、保険会社に保険料を支払う保険契約である。保険会社からの保険金の支払いは、被保険者である取締役に対してなされる。これは、実務では従前からD&O保険（Directors and officers liability insurance）と呼ばれ、用いられてきている。

前述の補償契約との構造上の相違は、補償契約が会社と役員等との間で締結され、役員等が負担する費用や損失の補償を会社が行うのに対して、役員等賠償責任保険契約（D&O保険）は、保険契約が会社と保険会社との間で締結され、保険者である保険会社が契約当事者となり、役員等に対する保険金の支払いを保険会社が行う点である。

役員等賠償責任保険契約は、保険料の支払いは会社が負担し、役員等が保険金の支払いを受けて損害の補填を受けるため、理論的には利益相反性が肯定されうる。そのため、役員等賠償責任保険の締結には、取締役会設置会社では取締役会の決議、取締役会非設置会社では株主総会の決議により、契約内容を決定しなければならないとされている[会社法430条の3第1項]。

また、役員等賠償責任保険契約も補償契約と同様に、利益相反取引に関する規定[会社法356条1項2号・3号、365条2項、419条2項、423条3項]は適用されない[会社法430条の3第2項。同条3項により民法108条も不適用]。そして、公開会社は役員等賠償責任保険契約に関する一定の事項を、事業報告[会社法435条2項]で開示しなければならない[会社法施行規則119条2号の2、121条の2]。

なお、課税については、「会社が、改正会社法の規定（筆者注：会社法430条の3）に基づき、当該保険料を負担した場合には、当該負担は会社法上適法な負担と考えられることから、役員個人に対する経済的利益の供与はなく、役員個人に対する給与課税を行う必要はない」とされている（国税庁 令和2年9月30日付「令和元年改正会社法施行後における会社役員賠償責任保険の保険料の税務上の取扱いについて（情報）」）。

4◆役員等賠償責任保険の範囲等

役員等賠償責任保険契約の内容は、会社と保険会社との契約内容によるも

のである。一般には、①役員等が会社以外の第三者から訴えられた場合の賠償責任およびその防御費用、②株主代表訴訟で取締役が勝訴した場合の防御費用、③株主代表訴訟で取締役が敗訴した場合の賠償責任および防御費用が支払いの内容とされている。

　なお、役員等賠償責任保険契約の適用範囲外とされる保険としては、①生産物賠償責任保険（PL保険）、②企業総合賠償責任保険（CGL保険）、③自動車損害賠償責任保険、④海外旅行保険等がある。なぜなら、①②は会社に生ずる損害の填補を主たる目的としており、取締役は付随的に被保険者とされるにすぎないこと、③④は取締役としての職務の懈怠性が薄い行為から生ずることより、取締役自身の責任により生じた損害を填補するという役員等賠償責任保険契約の趣旨とは異なるからである[江頭憲次郎著『株式会社法〔第8版〕』（有斐閣、2021年）489頁。会社法430条の3第1項、会社法施行規則115条の2第1号・2号]。

IV 第三者に対する取締役の責任

51 第三者に対する責任

1◆第三者に対する責任の法的性質

　取締役と会社との契約は委任契約であり、取締役は会社との関係で善管注意義務・忠実義務を負っていることから、取締役がこの義務に違反し会社に損害を与えた場合、会社に対して債務不履行責任を負う。このように取締役は、会社との関係では善管注意義務等を負っているものの、第三者との間には、直接的には契約関係がないことから、取締役が善管注意義務等に違反したことにより第三者に損害を与えたとしても、一般の不法行為責任[民法709条等]が問題となるにすぎないのが民事法上の一般原則である。

　しかし会社法は、「役員等がその職務を行うについて悪意又は重大な過失があったときは、当該役員等は、これによって第三者に生じた損害を賠償する責任を負う」と規定し、取締役の第三者に対する責任に特別の規定を設けている[会社法429条1項]。

　この法的性質には争いがあり、本条項の責任を不法行為責任と同視し、本条項は、日常的に重大な業務を執行しなければならない取締役の負担を軽減する目的で、民法709条の主観的要件を「故意又は過失」から「悪意又は重大な過失」に緩和した規定とする見解もある。一方、会社法429条１項の前身である旧商法266条ノ３第１項前段に関し最高裁判決は、「法は、株式会社が経済社会において重要な地位を占めていること、しかも株式会社の活動はその機関である取締役の職務執行に依存するものであることを考慮して、第三者保護の立場から、取締役において悪意または重大な過失により右義務

（筆者注：善管注意義務・忠実義務）に違反し、これによつて第三者に損害を被らせたときは、取締役の任務懈怠の行為と第三者の損害との間に相当の因果関係があるかぎり、会社がこれによつて損害を被つた結果、ひいて第三者に損害を生じた場合であると、直接第三者が損害を被つた場合であるとを問うことなく、当該取締役が直接に第三者に対し損害賠償の責に任ずべきことを規定したのである」「取締役の任務懈怠により損害を受けた第三者としては、その任務懈怠につき取締役の悪意または重大な過失を主張し立証しさえすれば、自己に対する加害につき故意または過失のあることを主張し立証するまでもなく、商法（筆者注：旧商法）266条ノ3の規定により、取締役に対し損害の賠償を求めることができる」と判示し、取締役の第三者に対する責任に関する規定は、第三者保護のための特別の法定責任を定めたものであるとしている[最判昭44.11.26判例時報578号3頁]。この趣旨は会社法429条1項にも当てはまると解されている[東京地方裁判所商事研究会編『類型別会社訴訟Ⅰ〔第3版〕』(判例タイムズ社、2011年)319頁以下]。

　このように会社法429条1項の法的性質は、第三者保護の観点から不法行為責任とは異なる法的責任と解されていることから、第三者は本条項とは別に不法行為責任を追及することも可能である[前掲最判昭44.11.26]。ただし、悪意・重過失の対象は、不法行為責任の場合のような第三者に対する加害行為についてではなく、あくまでも会社に対する任務懈怠にあることから、特に後述の直接損害のケースでは、第三者は加害に関する故意・過失よりも、任務懈怠の悪意・重過失を基礎づける事実のほうがより容易に立証できることもあり、民法上の不法行為責任が成立しなくても本条項の責任が成立する可能性もある。また、取締役の第三者に対する責任は不法行為責任とは異なる法定責任であると解されることから、民法724条の適用はなく[最判昭49.12.17民集28巻10号2059頁]、第三者の取締役に対する損害賠償請求権の消滅時効の期間は民法166条の適用により5年ないし10年となる。

2◆第三者に対する責任の内容

1◆責任主体

　会社法429条1項は、その責任主体を「役員等」としているところ、会社法423条1項において、「取締役、会計参与、監査役、執行役又は会計監査人（以下この節において「役員等」という。）は、その任務を怠ったときは、株式会社に対し、これによって生じた損害を賠償する責任を負う」とされている。したがって会社法429条1項の責任の主体となるのは、取締役、会計参与、監査役、執行役または会計監査人である。

　なお、社外取締役[会社法2条15号]も取締役である以上、会社法429条1項の「役員等」に含まれるが、執行役員は会社法上の取締役ではないことから、本条項の「役員等」には含まれない。また、会社法429条1項の責任を負う取締役が複数いる場合、これらの取締役等は、第三者に対して連帯して責任を負う[会社法430条]。

2◆損害の範囲

　会社法429条1項により取締役が負う損害の範囲は、たとえば会社の経営状態がきわめて悪化し、返済見込みがないにもかかわらず、金銭の借入れを行ったことにより、契約の相手方が損害を被った場合のように、取締役の悪意・重過失のある任務懈怠により第三者が直接被った損害（直接損害）に限定されるのか、それとも、取締役の放漫経営等により会社が倒産した結果、当該会社の取引先等の債権者が損害を被った場合のように、取締役の悪意・重過失のある任務懈怠により会社に損害が生じ、その結果第三者が被った損害（間接損害）をも含むのかという点につき、争いがある。

　しかし、会社法429条1項はその文言上、直接損害と間接損害を区別していないこと、直接損害と間接損害の区別は曖昧であり、間接損害を保護対象から外すと本条項の適用範囲を必要以上に狭めることになることなどから、第三者に生じた損害と任務懈怠との間に因果関係がある限り、間接損害も本条項による損害賠償の対象に含まれると解されている[前掲最判昭44.11.26、相澤哲

ほか編著『論点解説 新・会社法』(商事法務、2006年)354頁以下等]。

3◆第三者の範囲

　会社法429条1項の「第三者」に、当該会社の株主が含まれるかという点についても見解が分かれている。

　株主の被る間接損害については、株主代表訴訟により救済すべきとする裁判例もあるが[東京高判平17.1.18金融・商事判例1209号10頁等[＊1]]、会社法の立法担当者の解説では、取締役の任務懈怠により株主個人の利益が害されている場合に、会社法429条1項の適用を排除する理由はないこと、「第三者」の一般的な意義からしても株主を除外する理由はないこと等から、株主も本条項の「第三者」に含まれるとされている[前掲相澤354頁]。

3◆計算書類に虚偽記載等をした場合の責任

　会社法429条2項は、計算書類の虚偽記載等による取締役の第三者に対する損害賠償責任について、本条1項の特則を定めている。

　すなわち、会社法429条2項に基づく取締役の責任も過失責任ではあるが、取締役が計算書類の虚偽記載等といった本条項1号所定の行為をしたことにより第三者に損害が生じた場合、本条1項とは異なり、取締役は軽過失であっても責任を負い、かつ計算書類の虚偽記載等を行ったことにつき取締役の側が「注意を怠らなかったこと」を証明しない限り、第三者に対して損害賠償責任を負うこととされ[会社法429条2項]、「注意を怠らなかったこと」(過失)の証明責任が取締役の側に転換されている。

　これは、株式会社に関する情報開示の重要性、および情報開示が虚偽であ

1＊この裁判例は、「特段の事情」があれば、株主が取締役に対して直接責任を追及することも可能であるとし、かかる「特段の事情」として、「株式が公開されていない閉鎖会社においては、株式を処分することは必ずしも容易ではなく、違法行為をした取締役と支配株主が同一ないし一体であるような場合には、実質上株主代表訴訟の遂行や勝訴判決の履行が困難であるなどその救済が期待できない場合も想定し得るから、このような場合には、前記の特段の事情があるものとして、株主は民法709条に基づき取締役に対し直接株価の下落による損害の賠償をすることもできると解すべきである」と判示し、閉鎖会社の少数株主の救済にも一定の配慮をしている。

った場合の危険性などを考慮し、その虚偽の書面等を信頼したことに起因する第三者の損害との関係では、第三者が計算書類の虚偽記載等のみを主張立証すれば、当該取締役に任務懈怠があったものとみなし、かつ取締役が注意を怠らなかったことについて、取締役に立証責任を課しているものである。

52 名目上の取締役の第三者に対する責任

1◆名目上の取締役とは

　名目上の取締役（「名目的取締役」ともいう）とは、一般取締役と会社との間において取締役としての職務を果たさなくてもよい旨の合意のもとで、有効に取締役に選任されている者をいうとされている[東京地方裁判所商事研究会編『類型別会社訴訟Ⅰ〔第3版〕』（判例タイムズ社、2011年）321頁]。

　旧商法では株式会社は３人以上の取締役をおくことが義務づけられていたことから[旧商法255条]、旧商法下において実務上、３人以上という取締役の法定員数を満たすために、代表取締役の親族や友人等を名目上ないし名義上の取締役に就任させることが行われていた。この点、現行会社法下では、取締役会非設置会社では取締役は１人でも足りるとされたため[会社法326条1項]、あえて名目上の取締役を選任する必要性は減少した面はある。

　しかし、現行会社法下においても、取締役会設置会社[会社法2条7号]は、３人以上の取締役が必要とされているため[会社法331条5項]、取締役の法定員数が欠けた場合等に、法定員数を充足させるために名目上の取締役を就任させる場合があること、また、会社の信用力を増すために、社会的地位が高く影響力のある人物を名目上の取締役に就任させる場合もあること等から、現行会社法下においても、なお名目上の取締役の第三者に対する責任が問題となる可能性がある。

2◆取締役の監視義務

　名目上の取締役に対して、取締役の第三者に対する責任が追及される場合、それは取締役の監視義務違反を根拠になされることが多い。

すなわち、実務において代表取締役の放漫経営が原因で会社が倒産したような場合に、当該会社に対して売掛金等を有していた取引先等の会社債権者が、債権回収の一手段として、放漫経営を行っていた代表取締役だけでなく、その代表取締役の業務執行を監視する義務を怠った等として、名目上の取締役に対しても、取締役の第三者に対する責任を追及する例がある。

そこで、まず前提として、取締役の監視義務について検討するに、取締役会設置会社の取締役は、会社に対して善管注意義務・忠実義務を負っており、かつ取締役会の構成員として取締役の職務の執行の監督をその職責としていること[会社法362条2項2号]、また取締役は、自己が必要と認めた場合は、取締役会の招集権限および招集請求権を有すること等から[会社法366条]、取締役会に上程された事項だけではなく、上程されていない事項についても、代表取締役、業務執行取締役等が行う業務全般について、適正に執行されているかを監視する義務を負っていると解されている[最判昭48.5.22判例時報707号92頁、最判昭55.3.18判例時報971号101頁][＊1]。

このように取締役は、取締役会への上程事項だけでなく、非上程事項についても他の取締役の業務執行を監視する義務を負っていることから、取締役が悪意または重過失によりこの監視義務に違反し、その結果として第三者に損害を与えた場合、その取締役は第三者に対して会社法429条１項の損害賠償責任を負う可能性がある。

3◆名目上の取締役の責任

前述のように取締役は、監視義務に違反したことにより第三者に損害を与えた場合、その第三者に対して損害賠償責任を負うことになるが、名目上の取締役は、取締役としての職務を果たさなくてもよい旨の合意のもと取締役

1＊その後の下級審裁判例においては、報酬を一切受けない等の名目的取締役には重過失による任務懈怠があるとはいえないとして責任を否定したものが少なくないが、これら下級審裁判例は、会社法制定前の旧商法255条が小規模会社も含めて株式会社に3人以上の取締役を要求していたことが名目的取締役を生んでいるとの認識があったのではないかとの指摘もある[江頭憲治郎著『株式会社法〔第8版〕』（有斐閣、2021年）537頁]。

に就任していることから監視義務の履行が期待できないこと、取締役に就任した者（名目上の取締役）を常に保証人的立場に立たせるのは酷であるとの考えから、名目上の取締役の監視義務を軽減すべきとの議論がある。

しかし、取締役の義務は強行法規であり[会社法330条、民法644条、会社法355条等]、会社と取締役との間の契約により、かかる義務の内容を軽減することはできないこと、内部的には名目上の取締役にすぎないという合意がなされていたとしても、適法な選任手続きを経て選任された取締役であることに変わりはないこと、また、そもそも会社法は、名目上の取締役という存在を想定していないこと[*2]等からすれば、名目上の取締役であるという理由のみで、監視義務が軽減されることはないと解される[最判昭55.3.18判例時報971号101頁等]。

この点、旧商法下の下級審において、名目上の取締役が報酬を一切受けていないことなどを理由に、悪意または重過失を否定した裁判例[東京地判平3.2.27判例タイムズ767号231頁]、代表者がワンマンだったため、取締役としての職責を尽くすことを求めるのは困難なことを理由に、任務懈怠と損害との因果関係を否定した裁判例[東京地判平8.6.19判例タイムズ942号227頁]等、名目上の取締役の第三者に対する責任を否定した裁判例も存する。

しかし、上記名目的な取締役の責任を否定した裁判例は、小規模な株式会社も含めて取締役の法定員数が3人以上とされていた旧商法下のものであることから、機関構成の自由度が増し、取締役を1人とすることも可能となった現行会社法下においては、名目的な取締役の責任がより厳格に判断される可能性が指摘されている[たとえば、江頭憲治郎著『株式会社法〔第8版〕』(有斐閣、2021年)537頁以下]。

実際にも、名目上の取締役の第三者に対する責任の厳格化を指摘する上記見解を裏づけるように、名目上の取締役に対して会社法429条1項の責任が追及された事案につき、「株式会社の取締役は、代表取締役の業務執行の全般についてこれを監視し、取締役会を通じて業務の執行が適正に行わせる（筆者注：ママ）ようにするべき職責を有するものであり、このことは名目的な

---

2 *旧商法下においてもそのように解されていたが、現行会社法は取締役会非設置会社であれば、取締役の員数を1人とすることも可能であることから、なおさらそのようにいえる。

取締役についても同様と解するのが相当である。…取締役としての権限を与えられておらず、取締役に就任した後も従前と同様の従業員としての職務を継続しており、取締役としての報酬も受け取っていなかったことが認められるが、当該事情は、取締役としての監視監督義務を免れさせるものではない」と判示し、名目上の取締役についても監視義務の軽減を認めず、当該名目上の取締役の監視義務違反を認め、会社法429条1項の責任を肯定した裁判例がある[東京地判平22.4.19判例タイムズ1335号189頁]。特に従来の裁判例の傾向からすると、取締役が報酬を受領していなかったことは名目上の取締役の第三者に対する責任を否定する方向で斟酌されていたが、本裁判例においては、取締役が報酬を受け取っていなかったにもかかわらず、取締役の第三者に対する責任が認められており、留意が必要である。

　なお、任務懈怠に対する重過失ないし任務懈怠と損害との因果関係の有無については、事実認定の問題であることから、今後、名目上の取締役の第三者に対する責任が問題となる事案において、個別具体的な事情により名目上の取締役の重過失や因果関係が否定される事案もあるとは思料されるが、名目上の取締役に対して会社法429条1項の責任を認めた裁判例等からすれば、名目上の取締役の監視義務違反に対して従前より厳しい評価ないし判断がなされる可能性があることには留意が必要である。

53 代表取締役の任務違背と平取締役の第三者に対する責任

　取締役が、悪意または重過失のある任務懈怠により取引先等の第三者に損害を与えた場合、その取締役は、第三者に対して損害賠償責任を負う[会社法429条1項]。したがって、代表取締役が不正行為等の任務違背行為により取引先等の第三者に損害を与えた場合、その代表取締役自身は本条項により取引先等の第三者に対して損害賠償責任を負うことになる。

　しかし実務上、このようなケースでは、不正行為等の任務違背行為を行った代表取締役だけでなく、平取締役を含む他の取締役に対しても、代表取締役の業務執行を監視・監督する義務（取締役の監視義務）を懈怠したことを理由に取引先等の第三者から本条項の責任追及がなされることがある[*1]。

　すなわち代表取締役が不正行為を行う等の任務違背を行い第三者に損害を与えた場合、平取締役も、代表取締役に対する監視義務の懈怠を理由に第三者に対し損害賠償責任を負う可能性があるが、どのような場合に代表取締役の業務執行に対する平取締役の監視義務違反が認められるかが問題となる。

　この点、代表取締役の業務全般について常に監督権限を行使することは事実上不可能であり、また、取締役同士は共通の目的達成に向けて協働することが期待されており、基本的には相互の信頼関係を前提としてもいる。したがって、代表取締役の業務執行に対する平取締役の監視義務違反は、平取締役が代表取締役の違法または不当な業務執行の内容を知り、あるいは知ることができたのに、これを看過した場合などに限って認められると解される。

　実際、裁判例では、資本金1000万円の同族会社において、代表取締役の業務執行に対する平取締役の監視義務違反の有無が問題となった事案で、平取

---

1 *財産基盤の脆弱な小規模な会社が倒産したケース等において、取引先等の会社債権者が債権回収の一手段として、取締役個人の責任を追及するケースが多い。

締役が代表取締役の業務すべてについて監督権限を行使することは事実上不可能であるという前提のもと、取締役会の非上程事項に関し、平取締役が監視義務を負うのは、代表取締役の業務活動の内容を知ることができる等特段の事情がある場合に限定される等として、平取締役の監視義務違反を否定した事例がある[札幌地判昭51.7.30判例時報840号111頁]。

　また、顧客に虚偽の実績を示して行っていた証券会社の代表取締役による販売行為に関して取締役らに監視義務違反が問われた事案で「取締役の責任が肯定されるためには、当該違法な業務執行を発見することができるような事情が存在し、かつ、取締役がこれを知り得ることが必要であると解するのが相当である」として、社外取締役の責任を認めなかった事例がある[東京地判平28.7.14判例時報2351号69頁]。

　もっとも、代表取締役の業務執行に対する平取締役の監視義務について、「取締役の代表取締役に対する監視義務は、場合によっては代表取締役よりも劣位にある者が、経営に係る能力、実力等が優れていると判断されてその地位にある代表取締役に対し、その経営判断が著しく合理性を欠く判断をしないように監視し、そのような判断がされ、あるいはされる可能性が高い場合には、熱意を持って進言ないし勧告をすることが期待されているのであって、代表取締役との人間関係等を理由にして、安易に、進言ないし勧告が功を奏しないために責任がないなどとすることは許されないというべきである」と判示し、代表取締役との力関係（影響力の多寡）、人的関係等を理由に安易に平取締役の監視義務を否定することに警鐘を鳴らした裁判例がある[東京地判平20.12.15判例タイムズ1307号283頁[＊2]]。

　このような裁判例が出されたことから今後、代表取締役の業務執行に対す

2＊株式会社の代表取締役が、同社の賃借不動産の賃貸借契約解除後、同社に同不動産を占有させていた行為が善管注意義務等に違反するとされた事案において、平取締役についても、上記行為当時すでに23歳の成人だったこと、「アプリコット」という同社の店舗名が取締役個人の愛称から名づけられたこと等からすれば、当該平取締役の進言ないし勧告が、代表取締役に対して一定の影響力があると推認されるにもかかわらず、代表取締役に業務の一切を任せきりにし、その善管注意義務違反等を看過したのであるから、代表取締役の業務執行の監視義務違反があるとされ、平取締役の第三者に対する責任が認められた。

る平取締役の監視義務違反の有無の認定が厳格になることも考えられる。したがって、平取締役であっても、少なくとも代表取締役が違法または不当な業務執行等を行う可能性があることを知り、または知り得たときは、代表取締役に説明を求めたり、進言、勧告などし、場合によっては自ら取締役会を招集するなど[会社法366条]、代表取締役の業務執行に対する監視義務違反の責任を負う可能性を可及的に低減させる対応をとる必要があると解される。

54 取引先の倒産と自社取締役の第三者に対する責任

1◆取締役の善管注意義務違反と第三者に対する責任

　取締役は善管注意義務等に違反して会社に損害を生じさせた場合は、そのことを理由に会社法423条1項により、会社に対して損害賠償責任を負うことになるが、他方で、取締役と会社の債権者をはじめとする第三者の間にはそのような委任契約が存しないことから、取締役が善管注意義務等に違反し、これによって第三者が損害を被ったとしても、当該取締役が当然に第三者に対しても損害賠償義務を負うことにはならない[＊1]。もっとも、取締役の第三者に対する責任については、会社法上、第三者保護の見地から特別の規定が設けられており、取締役は、悪意または重過失のある任務懈怠により第三者に損害を与えた場合、当該第三者に対して損害賠償責任を負うとされている[会社法429条1項]。

　したがって、取締役が悪意または重過失により善管注意義務等に違反し、これによって第三者に損害を被らせたときは、任務懈怠の行為と第三者の損害との間に相当因果関係がある限り、直接に当該第三者に対して、損害賠償責任を負うと解されている[東京高判平23.7.28判例集未登載[＊2]]。

　前述のとおり、取締役は善管注意義務等に違反し、第三者に損害を与えた場合、第三者に損害賠償責任を負う可能性があるが、一方で、会社を成長・

---

1 ＊会社法429条1項の「第三者」に、当該会社の株主が含まれるかという点については争いがあり、株主の被る間接損害は本条項によってではなく株主代表訴訟により救済すべきとする裁判例も存するが[東京高判平17.1.18金融・商事判例1209号10頁等]、会社法の立法担当者の解説では、取締役の任務懈怠により株主個人の利益が害されている場合に、会社法429条1項の適用を排除する理由はないこと、「第三者」の一般的な意義からしても株主を除外する理由はないこと等から、株主も本条項の「第三者」に含まれるとされている[相澤哲ほか編著『論点解説 新・会社法』(商事法務、2006年)354頁]。

発展させるためには、時としてリスクをともなう経営判断を下す必要があり、そのようなリスクをともなう経営判断が結果的に誤りだったことが後に判明した場合に、かかる経営判断がすべて善管注意義務等に違反していると判断されるならば、取締役の経営判断が萎縮し、積極的な経営が困難となる可能性がある。

　したがって、流動的な状況のもとですぐれて個性的、冒険的、創造的な判断が要求される場合もある取締役の経営判断の特殊性に鑑み、取締役に対して過酷な責任を負わせることによって会社経営を不当に萎縮させることがないよう、取締役の経営判断が善管注意義務等に違反するか否かを見極める際は、経営者としての合理的な裁量の幅を確保するために慎重な判断が求められているといえる（いわゆる経営判断の原則[本書32]）。

　そして、取締役の経営判断が合理的なものであったか否か、すなわち経営判断の原則の審査基準については、裁判例等において、①経営判断の前提となる事実認識の過程、情報収集とその分析において不注意な誤りに起因する不合理さの有無、②事実認識に基づく意思決定の推論過程および内容の著しい不合理さの存否、という観点から審査がなされるべきと解されている[東京地判平5.9.16判例時報1469号25頁等]。

2◆取引先の倒産と経営判断の原則

　たとえば、経営状態の悪化した取引先に対して取締役が救済融資を行ったが、融資の甲斐なく当該取引先が倒産し、救済融資した貸付金が回収できな

2＊本裁判例は、出版、報道を主要な業務とする株式会社の代表取締役は業務を執行するに際し、出版、報道によって第三者の権利を侵害しないよう注意し、第三者の権利を侵害する結果を防止できる仕組み、社内体制を整備、構築すべき義務（善管注意義務）を負い、構築された管理体制が機能しているかを監視する義務を負うが、そのような義務を果たしていなかった等として、大相撲の元横綱が、週刊誌を発行する会社の代表取締役に対して会社法429条1項の前身である旧商法266条ノ3第1項に基づく損害賠償請求等を行った事案である。通常、会社法429条1項が問題となる第三者の会社への債権が害されるといった事例とは若干、事案内容が異なるが、裁判所は、どのような内容のリスク管理体制を整備するかは経営判断の問題でもあるとしたうえで、当該週刊誌を発刊する会社においては、会社が発行する記事によって他人の名誉が毀損されるなどの違法行為が生じないように一応の社内体制が整備されていた等として、代表取締役の悪意または重過失を認めず、取締役の第三者に対する責任を否定している。

くなる等して、自社の経営状態が悪化または倒産した結果、他の取引先である第三者に対して商品の購入代金等の支払いが滞り（不可能となる）、当該第三者への会社の債務を履行できないといった事態に陥ることがある。

こうしたケースにおいて、会社債権者といった第三者から、善管注意義務違反等を理由に、取締役の第三者に対する責任を追及されることがある。

この点、経営状態が悪化した取引先がその後倒産したという場合、完全に結果論でみれば、当該取引先との取引、ひいては支援等は行うべきではなかったという判断になる。しかし、当該取引先に対して売掛金債権を有している場合等は、取引を打ち切った結果、売掛金が回収できなくなるというリスクがあり、また、取引条件を変更する等して取引を継続した結果、当該取引先の業績が回復し、既存の売掛金債権を回収できただけでなく、将来にわたって当該取引先から利益を得ることができる可能性もある。そのため、経営状態が悪化した取引先との取引（ひいては支援等）を継続するか否かという判断は、取引先の経営状態が悪化した原因、取引先の資産内容、取引額、自社の資力等種々の要素を考慮したうえで高度な経営判断を求められる局面である。

したがって、先の事案のような例でいえば、救済融資をした取引先が倒産したという結果のみに着目し、取締役の善管注意義務違反の有無を判断することは妥当ではなく、取締役がどのようなプロセスを経て救済融資を行うという判断に至ったのか検証がなされるべきである。

そこで、上記のような事案における取締役の経営判断の合理性については、前述の経営判断の原則における審査基準により判断がなされるべきであり、具体的には、①取引先の資産や経営状態等を調査・検討するとともに、自社の資力、経営状態、融資額等を検討していたか否か、および上記調査・検討の過程に不合理な点がなかったか否か等、②上記①の調査・検討事実に基づき、著しく不合理な判断を行っていなかったか否か、という点が審査の対象になると解される。

そして、上記①、②の点につき不合理な点がなければ、結果的に取引先が

倒産したとしても、取締役の経営判断の裁量の範囲内であるとして、善管注意義務違反は存しないと解すべきである[＊3]。

　なお、経営判断の原則が判例上確立される以前の裁判例であるが、融通手形取引の交換先企業が相次いで倒産した結果、支払手形の決済資金が用意できなくなり倒産に至った会社の業務担当取締役が、取引先から取締役の第三者に対する責任を追及された事案において、融通手形の交換取引は、交換先の企業が倒産するときは、たちまち自社を連鎖倒産の危機に追い込むことになる可能性の高いものであるから、そのような方法による資金調達は極力避けるべきであるという前提のもと、「交換先企業の資産や経営状態を充分調査検討するとともに、自社の資力、経営状態、必要資金の額などにも充分思慮をめぐらせ、取引の安全性を確認したうえ必要最小限度の範囲で右取引を実施すべき義務があるものというべきである」と判示し、業務担当取締役が本件融通手形取引を実施する過程において、交換先企業に対する上記調査検討を行わないまま、自社の必要資金額の何倍にも及ぶ取引を実施したこと等から、重過失を認定し、第三者に対する責任を肯定した裁判例がある[大阪地判昭60.8.28判例タイムズ575号63頁]。

---

3 ＊融資額が多額になる場合等、自社の経営状態への影響が大きい場合には、経営判断の合理性を担保すべく、弁護士、公認会計士といった専門家の意見を聴取することも考慮すべきである。

55 放漫経営と代表取締役の第三者に対する責任

　本書**4**,**51**のように、取締役は、悪意または重過失のある任務懈怠により第三者に損害を与えた場合は、損害賠償責任を負うこととなっている[会社法429条1項]。

1◆代表取締役の放漫経営と経営判断の原則

　実務上、ある会社の経営状態がきわめて悪化、または倒産した場合、その会社の取引先等の会社債権者は、当該会社から債権を回収することがきわめて困難となるが、そのようなケースにおいて、取引先等の第三者が、代表取締役の放漫経営が原因で当該会社が倒産した結果、債権回収が不可能になった等と主張して、その代表取締役に対して、取締役の第三者に対する責任を追及することがある[会社法429条1項][＊1]。

　そして、そのようなケースにおいては、代表取締役の放漫経営により経営状態が悪化または倒産したのか否か、すなわち代表取締役の職務執行に悪意または重過失のある任務懈怠があったか否か（経営判断が善管注意義務に違反していたか否か）が争点になる。

　この点、上記のような代表取締役の放漫経営の有無が問題となる事案においては、結果的に会社の経営状態が悪化するか会社が倒産するに至っていることから、事後的・結果的にみれば、過去のある時点における代表取締役の経営判断が誤っていたと判断される可能性が高いと解される。

　しかし、そもそも会社の経営はその性質上不確定な要素について微妙な判断を求められることが多く、複雑多様な社会情勢、変動する経済の動向等を

1＊特に、経営基盤の弱い中小零細企業が倒産した局面において、会社からの債権回収が困難となった取引先等の会社債権者が、債権回収の一手段として代表取締役の責任を追及するケースが多い。

見定めながら、時にはリスクをともなう経営判断を行う必要があるため、取締役の経営判断にはある程度広い裁量が認められるべきである。特に、会社の経営状態が悪化した場合、代表取締役は会社の最高経営責任者として、今後も経営を継続すべきか、それとも会社を整理するべきか否かというきわめて困難な判断を迫られることになるが、経営者としては、会社の経営を立て直すために融資の獲得等の種々の方策を講ずることによって、なお経営の継続をはかろうと考えることはやむをえない面もあることから、結果的にそのような方策が実を結ばず、会社が倒産するに至ったとしても、会社の経営状態が悪化していたという一事をもって、放漫経営であった（任務懈怠があった）等と判断されることになると、取締役に対して過酷な責任を負わせることになりかねない。

　したがって、このようなケースにおいては、代表取締役がどのようなプロセスを経て経営判断を行っていたか、すなわち、①経営判断の前提となる事実認識の過程、情報収集とその分析において不注意な誤りに起因する不合理さはなかったか、②事実認識に基づく意思決定の推論過程および内容の著しい不合理さはなかったかという観点から、代表取締役の経営判断の合理性が検証されるべきであり、①、②の点に不合理さがなければ、取締役の任務懈怠（善管注意義務違反）は否定されると解される（いわゆる経営判断の原則）。

2◆裁判例の検討

1◆取締役の責任が否定された事例[東京高判平元.2.28判例タイムズ723号243頁]

　金属のダイキャスト加工・販売を業とする有限会社である甲社は、製品材料をA社から仕入れ、仕入代金の支払いのためにA社に対し約束手形を振り出していたが、甲社が事実上倒産したことにより、A社は甲社から仕入代金の支払いを受けられなくなったため、A社は、甲社が倒産した原因は、業務担当取締役の放漫経営のうえに経営判断の失敗が重なったこと等が理由であるとし、業務担当取締役に任務懈怠があった等と主張した事案である。

　本裁判例は、放漫経営を行っていたとされる業務担当取締役に対する監視

義務違反等を理由に、代表取締役の責任が追及された事案であり、代表取締役自身が放漫経営を行っていたとされた事案ではないが（ただし、業務担当取締役は代表取締役の二男であり、業務担当取締役が若年であったことから、父親が代表取締役に就任したが、会社の経営は業務担当取締役が行っていたという事情がある）、取締役の放漫経営の存否が問題となった事案において、放漫経営ではなかったこと、すなわち悪意または重過失のある任務懈怠（善管注意義務違反）がなかったとの判断が示された裁判例であることから、紹介することとした。なお結論としても、業務担当取締役に任務懈怠がない以上、代表取締役の監視義務違反もないとして、代表取締役の責任を否定している。

　裁判所は、まず甲社の倒産の主たる原因は、その主力製品であるスロットマシンの部品製造の受注が規制法令の改正の延期等の事情により大幅に減少したことによるものである等と認定したうえで、業務担当取締役がスロットマシンの需要の拡大を見込んで工場を増築する等してその部品製造の増産をはかったことは、そのこと自体をただちに経営者の判断としてまったく無謀かつ不合理なものとはいえず、増産態勢を企図したことが結果的には経営判断の失敗として評価されるとしても、悪意または重大な過失があったものとはいえない等とし、業務担当取締役に取締役としての任務懈怠がないと判示した[＊2]。

　このように、本裁判例においては、取締役の任務懈怠が否定されているが、会社の経営状態がきわめて悪化する等した場合、代表取締役といえども冷静な判断能力を欠く状態になる場合もあると思料されることから、そのような局面において微妙な経営判断を実行する際は、弁護士・公認会計士といった

2＊裁判所は、一部の手形については、支払いについて確実な見通しがあったといえるかどうか疑問がないではないとしながらも、「会社の経営状態が悪化したとしても、経営者としてはその経営を立て直すために融資の獲得その他の方策を講ずることによってなお経営の継続を図ろうとすることは当然であるから、単に会社の経営状態が悪化したとしても、その一事をもって、取締役が行ったその後の取引・手形の振出し等の行為…が直ちに取締役としての任務違背に当たるというべきではなく、その行為が専ら当該取締役個人や第三者の利益もしくは損害発生を図るためになされたものであるなど、それがその行為の当時の事情に照らして著しく不合理と認められる等の特段の事情がない限り、取締役としての任務に違背したものということはできないというべきである」と判示し、結論としても上記特段の事情はなかったとしている。

専門家である第三者から意見を聴取するという対応をとっておく必要もあると思われる。

2◆取締役の責任が肯定された事例[京都地判昭55.10.14判例タイムズ427号186頁]

　生糸・白生地（ちりめん）の卸業を営む老舗の乙社が積極的な経営拡大をはかったことによる過大な金利負担等のため倒産し、乙社が白生地（ちりめん）等の購入代金の支払いのためにB社に振り出していた手形の決済ができなくなったことから、B社が、乙社代表取締役の放漫経営により乙社が倒産した等として、乙社の代表取締役の第三者に対する責任を追及した事案である。

　裁判所は、乙社の経営状態について、経営肥大化のため、支払利息の返済に追われるという企業体質の脆弱化が進展していた折、低廉な輸入品の出回り等もあって構造不況が深刻化していったため、欠損を著しく増加させるだけの状態であったとし、B社に対して手形を振り出した以前の時点で、乙社は近い将来倒産することが確実であったにもかかわらず、乙社の代表取締役は、経営悪化に対処する何らの抜本的対策を講じない放漫経営を継続しただけでなく粉飾決算により経営悪化を隠蔽する等し、また会社の経理内容につき十分な精査およびその努力をすることなく、しかも確たる資料も根拠もないのに乙社の経営は改善できるものと妄信し、B社に対し手形を振出交付したこと等を認定し、このような行為は重大なる過失により代表取締役としての任務を懈怠したものというべきであるとして、第三者に対する責任を肯定した[*3]。

3◆裁判例にみる判断基準

　前記1〔取締役の責任が否定された事例〕、2〔取締役の責任が肯定された事例〕

3＊本裁判例においては、代表取締役だけでなく、他の2人の取締役に対しても、代表取締役の業務執行を監視する義務があったにもかかわらず、かかる任務を懈怠したとして、取締役の第三者に対する責任が追及されているが、他の2人の取締役についても、第三者に対する責任が肯定されている。したがって、代表取締役の放漫経営により会社の経営状態が悪化または会社が倒産したケースにおいて、第三者から取締役の責任を追及された場合、代表取締役の放漫経営を漫然と見過ごしていた取締役は、監視義務違反により、第三者に対して損害賠償責任を負う可能性があることに留意する必要がある。

の裁判例はともに、取締役の放漫経営により会社が倒産した結果、約束手形の支払いを受けられなくなったとして、取引先が、倒産会社の取締役の第三者に対する責任を追及した事案である[会社法429条1項]。

　この点、1〔取締役の責任が否定された事例〕の裁判例は、経営状態が悪化したことにやむをえない事情があったこと、取締役が経営を維持・継続するよう努めていたこと、A社との取引も経営維持に必要なものであって取引金額も不相当とはいえないこと等から、倒産局面に至った会社の経営者の判断として特段不合理な点が認められなかった事案であるが、2〔取締役の責任が肯定された事例〕の裁判例においては、経営状態がきわめて悪化していたにもかかわらず、経営者として資金繰り等を把握せず、粉飾決算を行い、配当までしており、倒産局面にある会社の経営者としてきわめて不合理な行為がなされていた事案であり、この点が両裁判例の結論を分けたものと思料される。

56 計算書類の虚偽記載と第三者に対する責任

1◆計算書類の虚偽記載等による責任

1◆会社法429条2項の法的性質

　取締役は、悪意または重過失のある任務懈怠により第三者に損害を与えた場合、その第三者に対して、損害賠償責任を負うものとされている[会社法429条1項]。このように、株式会社が経済社会において重要な地位を占めていること、および株式会社の活動が取締役の職務の執行に依存していることに鑑み、第三者保護の見地から、会社法上、取締役の第三者に対する責任について特別な規定が設けられているが[会社法429条1項]、さらに投資家や取引先を保護するという観点から、本条項の責任の特則として、役員等が計算書類に虚偽記載等を行った場合の第三者に対する責任に関する規定が設けられている[会社法429条2項]。

　この会社法429条2項は、不実の情報開示に関する役員等の責任を定めたものだが、この責任の性質は、本条項の規定文言が「前項（筆者注：会社法429条1項）と同様とする」と規定されていることから、本条1項の責任と同様、第三者保護のため不法行為責任とは別個に会社法が特に定めた法定責任であり、第三者の直接損害に対する責任の一事例であると解されている。

　もっとも、計算書類といった重要な書面等に関する株式会社の情報開示の重要性、およびその開示された情報が虚偽であった場合の危険性に鑑み、本条1項とは異なり、以下のように取締役は軽過失でも責任を負い、かつ無過失の証明責任が取締役側に転換されている。

2◆責任の要件

　役員等がどのような行為をした場合に、会社法429条2項により、第三者

に対して責任を負うのかという点については、本条2項各号において、役員の種類に応じて規定されている。

役員のうち取締役の責任の要件は、本条項1号に規定されており、

◆株式・新株予約権[会社法2条21号]・社債[会社法2条23号]・新株予約権付社債[会社法2条22号]を引き受ける者の募集をする際に通知しなければならない重要な事項についての虚偽の通知、または当該募集のための当該株式会社の事業、その他の事項に関する説明に用いた資料についての虚偽の記載もしくは記録をしたとき
◆計算書類・事業報告ならびにこれらの附属明細書ならびに臨時計算書類に記載し、または記録すべき重要な事項についての虚偽の記載または記録をしたとき
◆虚偽の登記をしたとき
◆虚偽の公告をしたとき

とされている[会社法429条2項1号参照]。

なお、会社法429条2項1号所定の計算書類の虚偽記載等ではなく、誇大広告や取締役の虚偽の発言等による不実の表示は本条項各号の「虚偽」には含まれないが[*1]、上記計算書類の虚偽については重要な事項につき積極的に虚偽の記載をすることのみならず、重要な事項を記載しないことも「虚偽」に含まれると解される[大阪地判平18.2.23判例タイムズ1213号287頁[*2]]。

また、本条項の責任が問われるのは、「重要な事項」に関する虚偽記載等をしたときだが、ここでいう「重要な事項」とは、会社と取引を行うか否か等の第三者の判断につき影響を及ぼすと一般に認められる事項のことをいう。

なお、取締役が本条項の責任を負い、他の役員等もその損害を賠償する責

1＊これらの行為によって第三者に損害が生じた場合、取締役は会社法429条2項の責任は負わなくとも、同429条1項および民法の不法行為の規定により責任を負う可能性はある。
2＊貸倒引当金を計上すべき債権につき、貸倒引当金の計上をしていない計算書類を作成したことが、虚偽記載に該当するとの主張がなされたが、結論としては虚偽記載そのものには当たらないとされた事案である。

任を負うときは、両者は連帯債務者とされる[会社法430条]。

3◆行為者の主観的要件についての立証責任の緩和

会社法429条1項の取締役の第三者に対する責任を追及する場合には、第三者は、取締役の悪意または重過失による任務懈怠により損害を被ったことを主張・立証する必要がある。

しかし、会社法429条2項により取締役の責任を追及する場合は、取締役が前述の計算書類に虚偽記載等を行ったこと、それにより損害を被ったことのみ主張・立証すれば足り[＊3]、これに対して取締役の側では、会社法429条2項1号所定の行為をしたことについて「注意を怠らなかったこと」を証明しない限り、取締役は、第三者に対する責任を免れることはできない[会社法429条2項但書]。

こうして、会社法429条1項とは異なり、取締役は、計算書類の虚偽記載等に軽過失しかない場合でも責任を負担し、かつ無過失の証明責任が取締役の側に転換されているのである。

2◆金融商品取引法上の責任

計算書類の虚偽記載がある場合、有価証券届出書、有価証券報告書等についても虚偽記載があることが多いと考えられる。その場合、取締役は、計算書類が虚偽であることを知らずに有価証券を取得した者に対して、金融商品取引法18条、21条、21条の2、22条等の損害賠償責任を負う可能性がある。

---

3 ＊第三者は、取締役が会社法429条2項1号所定の行為をしたことにより損害が生じたこと、すなわち不実の情報開示と損害との間に因果関係が存することの証明責任を負うが、この点に関して、「あまり厳格な因果関係（第三者が虚偽情報を信頼したことおよびその信頼が取引の原因となったこと）の証明を要求されると、責任規定の存在が無意味になる」との有力な指摘がある[江頭憲治郎著『株式会社法〔第8版〕』（有斐閣、2021年）539頁]。

57 安全配慮義務違反による労災発生と第三者に対する責任

1◆安全配慮義務

　労働契約は、当事者の一方（労働者）が、相手方（使用者）に使用されて労働し、相手方がこれに対して賃金を支払うことを合意する契約とされていることからも明らかなとおり[菅野和夫著『労働法〔第12版〕』(弘文堂、2019年)150頁以下]、労働契約において、使用者（以下、「会社」ともいう）が労働者に対して負う中心的な義務は、労働者に対する賃金の支払い義務である[民法623条、労働契約法2条]。

　しかし、会社が労働者に対して負う義務は、賃金の支払い義務に限定されるわけではなく、裁判例等により、会社は労働者に対して種々の義務を負うものとされているところ、そのひとつとして安全配慮義務がある。

　安全配慮義務とは、裁判例により確立された法理であり、ある法律関係に基づいて特別な社会的接触関係に入った当事者間において、当該法律関係の付随義務として、当事者の一方または双方が相手方に対して信義則上負う義務であるとされており[陸上自衛隊八戸車両整備工場事件・最判昭50.2.25労働判例222号13頁]、民間企業の労働契約関係における安全配慮義務の具体的内容については、労働者が労務提供のため設置する場所、設備もしくは器具等を使用し、または使用者の指示のもとに労務を提供する過程において、労働者の生命および身体等を危険から保護するよう配慮すべき義務であるとされている[川義事件・最判昭59.4.10労働判例429号12頁]。

　そして、労働契約法は、5条で「使用者は、労働契約に伴い、労働者がその生命、身体等の安全を確保しつつ労働することができるよう、必要な配慮をするものとする」と規定しており、安全配慮義務は、労働契約に当然にともなう使用者の義務として明文化されている[荒木尚志著『労働法〔第5版〕』(有斐閣、2022

年）307頁］。

　このように、会社はその雇用する労働者に対して安全配慮義務を負っていることから、労働者が労働災害に遭ったケース等において、会社に安全配慮義務違反が認められた場合、当該労働者に対して損害賠償責任を負うことになる。

　もっとも安全配慮義務は、前述のとおり労働契約に付随する義務であることから、安全配慮義務違反により損害賠償責任を負うのは、あくまでも労働契約の当事者である会社であり、取締役個人は安全配慮義務違反に基づく損害賠償責任を負うことはない。

2◆安全配慮義務違反による労災と第三者に対する責任

　前述のとおり、安全配慮義務違反に基づく損害賠償責任を負うのは会社であり、法形式上は取締役個人がその責任を負うものではないが、本来取締役は、悪意または重過失のある任務懈怠により第三者に損害を与えた場合、当該第三者に対して損害賠償責任を負うとされている［会社法429条1項］。

　したがって、会社が安全配慮義務違反により労働者に対して損害賠償責任を負う場合、取締役個人も、悪意または重過失により任務を懈怠した結果、労働者に労働災害等の損害が生じた等として、本条項により労働者に対して損害賠償責任を負う可能性がある。

　この点について、近時、飲食店経営等を業とする会社の飲食店の調理場で勤務し、急性左心機能不全により死亡した従業員の両親が、死亡の原因は長時間労働にあると主張して、会社に対しては不法行為または債務不履行（安全配慮義務違反）に基づく損害賠償を求め、さらに会社の取締役らに対しては不法行為または会社法429条1項に基づき損害賠償を求めた事案において、会社の安全配慮義務違反を認めたうえで、取締役個人に対する会社法429条1項の責任の有無に関する判断が示された裁判例がある［大庄ほか事件・大阪高判平23.5.25労働判例1033号24頁］［＊1］。

　前記裁判例は、取締役の第三者に対する責任に関し、まず、「取締役は、

会社に対する善管注意義務として、会社が使用者としての安全配慮義務に反して、労働者の生命、健康を損なう事態を招くことのないよう注意する義務を負い、これを懈怠して労働者に損害を与えた場合には会社法429条1項の責任を負う」との判断を示したうえで、本件の取締役らは、「現実の労働者の労働状況を認識することが十分に容易な立場にあったものであるし、その認識をもとに、担当業務を執行し、また、取締役会を構成する一員として取締役会での議論を通して、労働者の生命・健康を損なうことがないような体制を構築すべき義務を負っていた」が、そのような体制を構築し、長時間勤務による過重労働を抑制させる措置をとっていなかったのであるから、「悪意又は重大な過失により、会社が行うべき労働者の生命・健康を損なうことがないような体制の構築と長時間労働の是正方策の実行に関して任務懈怠があったことは明らか」であるとして、本件の取締役らが、会社法429条1項の責任を負うことを認めている。

このように、取締役には、「労働者の生命・健康を損なうことがないような体制を構築すべき義務」（内部統制システム構築義務の一内容）があるとされたことから、取締役が悪意または重過失により、かかる義務に違反した結果、労働者に労働災害等の損害を生じさせた場合、任務懈怠があったとして、取締役は会社法429条1項の責任を負うことになると解される。

3◆今後の対応等

前記裁判例が判示する、取締役に課される「労働者の生命・健康を損なうことがないような体制を構築すべき義務」の具体的内容については、一律に決しうるものではなく、会社の規模、業種、安全配慮義務の内容等に鑑み、個別具体的な事案ごとに判断されるものと思料され、今後の同種事案の裁判例の判断を注視する必要がある。

1＊使用者である会社の従業員に対する安全配慮義務違反に関して、会社法429条1項により取締役の損害賠償責任を認めた裁判例として、サン・チャレンジほか事件［東京地判平26.11.4判例時報2249号54頁］、ネットワークインフォメーションセンター事件［東京地判平28.3.16判例時報2314号129頁］、竹屋ほか事件［津地判平29.1.30労働判例1160号72頁］などがある。

しかし前記裁判例において、取締役には、「労働者の生命・健康を損なうことがないような体制を構築すべき義務」が存することについて、一定の判断が示された以上、今後、労働者が会社に対して安全配慮義務違反に基づく損害賠償請求訴訟を提起する場合に、取締役個人に対しても、会社法429条1項の責任を追及するケースが増加することが予想される。

　したがって取締役は、自社の業務において労働災害等の労働者の生命・健康を損なう可能性が存する事項を洗い出し[*2]、少なくとも業界等で労働災害等のリスクが高いと認識されている事項については、労働災害等が生じる可能性を可及的に低減させる体制を構築していく必要がある。

　ちなみに、参考として、長時間労働によりうつ病を発症し自殺した従業員の遺族が取締役の責任を追及して起こした株主代表訴訟を紹介する[肥後銀行事件・熊本地判令3.7.21労働経済判例速報2464号3頁]。

　これは、株主代表訴訟という裁判の形式上、取締役の第三者に対する責任[会社法429条1項]が直接の論点とはなっていないが、従業員の生命・健康への配慮に関する取締役の責任が問題の根幹であるという点において、前記裁判例と共通するものである。

　まず、長時間労働によりうつ病を発症して自殺した従業員の遺族が、使用者である銀行を相手取り、従業員に対する安全配慮義務違反による損害賠償を請求する訴訟を起こし、一部認容され遺族に損害賠償金等が支払われた。その後、遺族（当該従業員の妻。当該銀行の株主）が、従業員が自殺した当時の取締役11名に対して株主代表訴訟を提起した。すなわち、当該従業員が業務に起因して自殺したことにより法令遵守が重視される銀行の信用が著しく損ねられて銀行が損害を被ったのは、当時の取締役らが従業員の労働時間管

2＊特に長時間労働については、前記裁判例において正に問題となっていること、マスコミ等でも取り上げられることが多い過労死等にも関係する問題でもあることから、注意が必要である。ちなみに、前記裁判例においては、被災者の長時間労働について、「死亡前の1か月間では総労働時間数237時間34分、時間外労働時間数95時間58分、2か月目では総労働時間数273時間41分、時間外労働時間数105時間41分、3か月目では総労働時間数302時間11分、時間外労働時間数129時間06分、4か月目では総労働時間数251時間06分、時間外労働時間数78時間12分となっており、恒常的な長時間労働となっていた」と認定されている。

理体制の構築に係る善管注意義務を懈怠したためであると主張し、銀行に対して損害賠償金等を支払うことを求めたのである[会社法847条の2および同423条1項]。判決は、当該銀行における当時の労働時間管理に係る体制の構築、運用の経営判断に不合理性は認められないとして、当時の取締役らの善管注意義務違反を否定し、請求を棄却した（原告控訴。控訴棄却[福岡高判令4.3.4金融法務事情2190号94頁]）。

　本件では当該取締役の義務違反は結論としては否定されたが、一審判決が「会社は従業員の健康等に対する安全配慮義務を遵守し、その労務管理において従業員の労働時間を適正に把握するための労働時間管理に係る体制を構築・運用すべき義務を負っており、代表取締役及び労務管理を所掌する会社の取締役も、その職務上の善管注意義務の一環として、上記会社の労働時間管理に係る体制を適正に構築・運用すべき義務を負っているものと解される。また、代表取締役及び労務管理を所掌する取締役以外の取締役は、取締役会の構成員として、上記労働時間管理に係る体制の整備が適正に機能しているか監視し、機能していない場合にはその是正に努める義務を負っているものと解される」と述べていることには、取締役の果たすべき義務の範疇についての一般論として、留意すべきである。

58 取締役の解任手続き

1◆取締役の解任

　取締役は、株主総会決議により、いつでも解任することができる[会社法339条1項]。また、正当な理由の有無に関係なく（事由にかかわらず）解任できるとされている。ただし正当な理由がない場合には、会社は、解任をした当該取締役に対して損害賠償責任を負うことになる[会社法339条2項]。この場合の賠償すべき範囲は、取締役が解任されなければ、残りの在任中および任期満了時に得られた利益分の額とされている[大阪高判昭56.1.30判例タイムズ444号140頁]。

2◆解任の具体的手続き

　取締役の解任は、前述のとおり株主総会の決議によって行われる。具体的には、以下のような株主総会の招集手続きや決議方法に則って行われる。
　まず、株主総会の招集手続きについては、通常、取締役会設置会社[会社法2条7号]においては取締役会が招集の決定を行う[会社法298条4項]（取締役会非設置会社においては取締役が招集決定を行う）。また、株主総会を招集するにあたっては、「株主総会の目的である事項」として、いずれの取締役が解任されるのかを明らかにすることになる[会社法298条1項2号、299条4項]。
　次に、株主総会の決議方法については、原則として、株主総会において議決権を行使することができる株主の議決権の過半数（3分の1以上の割合を定款で定めたときは、その割合以上）を有する株主が出席し、出席した当該株主の議決権の過半数（これを上回る割合を定款で定めた場合には、その割合以上）

が、取締役の解任に賛成した場合に解任されることになる[会社法341条]。

　ただし、累積投票[*1]により選任された取締役[会社法342条]に対して解任決議を行う場合には、通常の場合と異なり、当該株主総会において議決権を行使することができる株主の議決権の過半数（3分の1以上の割合を定款で定めた場合においては、その割合以上）を有する株主が出席し、出席した当該株主の議決権の3分の2（これを上回る割合を定款で定めた場合には、その割合）以上に当たる多数をもって行うことが必要となる[会社法309条2項7号]。さらにこの場合には、当該要件に加えて、一定数以上の株主の賛成を要する旨その他の要件を定款で定めることも妨げられないとされている[同条項]。

3◆裁判所への取締役解任の訴え

　株主総会による取締役の解任決議以外にも、取締役を解任する手法が存在する。裁判所に対して取締役解任の訴えを提起し、取締役解任の判決を得る手法である[会社法854条1項]。ただしこの訴えを提起するには、以下のような要件が必要となる。

　まず、訴えを提起するためには、①取締役の職務執行に関し、不正の行為または法令もしくは定款に違反する重大な事実があったにもかかわらず、当該取締役を解任する旨の議案が株主総会において否決されたこと、または②当該取締役を解任する旨の株主総会の決議が会社法323条の規定（種類株主総会[会社法2条14号]の決議が必要となる場合の規定）によりその効力を生じないこと、が必要となる[以上の要件につき会社法854条1項]。

　また、訴えを提起できる株主にも制限的な要件が存在し、①総株主の議決権の100分の3（これを下回る割合を定款で定めた場合には、その割合）以上の議決権を6ヵ月（これを下回る期間を定款で定めた場合には、その期間）前から

1＊累積投票とは、2人以上の取締役を選任する場合に、株主に対して、株式一株につき選任する取締役の数と同数の議決権を付与し、株主はこの議決権を1人のみにすべて投票し、または2人以上に投票して、議決権を行使することを可能にした制度である[会社法342条]。ただ、累積投票の実施により経営に混乱をきたす可能性もあるために、多くの企業では累積投票を定款で排除している[会社法342条1項][田中亘著『会社法〔第3版〕』(東京大学出版会、2021年)219頁]。

引き続き有する株主[*2]、または②発行済株式の100分の3（これを下回る割合を定款で定めた場合には、その割合）以上の数の株式を6ヵ月（これを下回る期間を定款で定めた場合には、その期間）前から引き続き有する株主[*2]であることが必要である。

　さらに、時期的な要件も存在し、訴えの提起は、当該株主総会の日から30日以内に取締役の解任を請求することが必要となる。

　以上の要件を満たした場合に初めて訴えを提起することが可能となり、判決が確定することにより、取締役解任の効果が生ずることとなる。

2＊非公開会社の場合は、会社法854条2項にて6ヵ月の株式の保有要件が不要となる。

59 報酬や退職慰労金の任期中の減額、不支給

1◆取締役の報酬

1◆報酬に関する手続き

　会社と取締役は委任関係にあるため受任者である取締役は法理論的には原則無報酬であるところ[会社法330条、民法648条1項]、取締役は、報酬を受けることが実務上原則化している。もっとも、その報酬については、「お手盛り防止」の観点から、指名委員会等設置会社[会社法2条12号]以外の会社では、定款または株主総会の決議（普通決議）で定めることになっている[会社法361条1項][＊1]。そして、会社法361条1項各号の事項あるいはこれを改定する議案を株主総会に提出した取締役は、当該事項を相当とする理由を株主総会において説明しなければならない[同条4項]。

　ただし、定款や株主総会決議で決定するのは、取締役全員に支給する総額のみで足り、個々の取締役ごとに定める必要はない。個々の取締役への配分は、取締役会の決定に委ねることができる[最判昭60.3.26判例時報1159号150頁]。

　このようにして取締役の報酬額が決められるため、定款または株主総会の決議によって報酬の金額が定められなければ、取締役は会社に報酬を請求することはできない[最判平15.2.21金融・商事判例1180号29頁]。もっとも、定款や株主総会決議がないにもかかわらず、報酬が支払われた場合であっても、事後的

1＊監査等委員会設置会社[会社法2条11号の2]では、監査等委員である取締役の報酬等については定款または株主総会でそれ以外の取締役と区別して定めなければならない[会社法361条2項]。監査等委員である各取締役の報酬等について定款の定めまたは株主総会の決議がないときには、報酬等の総額の範囲内で各人への分配を監査等委員である取締役の協議によって定める[同条3項]。そして、監査等委員会は株主総会において取締役の報酬に関する意見陳述の内容を決定する[会社法399条の2第3項3号]。
　指名委員会等設置会社[会社法2条12号]では、報酬委員会が執行役等の個人別報酬を決定する[会社法404条3項]。株主総会には執行役等の報酬の決定権限はない。

に株主総会決議を行えば、規定の趣旨目的を没却するような特段の事情がない限り有効となる[最判平17.2.15判例時報1890号143頁]。

　取締役の報酬に関する規定は、従前、「お手盛り」の弊害の防止に重点がおかれてきたが、現在では、会社の業績向上につながるインセンティブとしての役員等への報酬のあり方という観点も、企業統治の面から重要になっている。

　2019（令和元）年の会社法改正では、取締役等への適切なインセンティブの付与を目的とする改正が多くなされた[竹林俊憲著『一問一答 令和元年改正会社法』（商事法務、2020年）3頁]。

2◆取締役の報酬の種類と定款または株主総会で定めるべき事項

　指名委員会等設置会社以外の会社では、取締役の報酬等の種類ごとに分けて株主総会の決議がなされる。

❶確定額報酬

　金額が確定している報酬等については、株主総会で金額の総額を決議し[会社法361条1項1号]、その総額の枠内での個々の取締役への配分は取締役会決議に委ねることができる。そして、実務では各取締役への配分について取締役会から代表取締役に再一任することも少なくないが、その手法も無効ではないとされつつ[最判昭58.2.22判例時報1076号140頁等]、一任された代表取締役は善管注意義務・忠実義務を負うとされている[東京高判平30.9.26金融・商事判例1156号59頁等]。

　ただ、代表取締役への再一任は取締役会の監督機能[会社法362条1項2号・3号]に反するおそれもあるため、会社法は、監査役会設置会社であり有価証券報告書の提出義務を負う公開・大会社および監査等委員会設置会社について、取締役の個人別の報酬等の内容について決定の全部または一部を取締役その他の第三者に委任する場合には、その委任を受ける者や委任の内容等について、報酬等決定方針に記載する必要があると定めている[会社法361条7項、会社法施行規則98条の5第6号]。

❷不確定額報酬

　取締役の報酬等の金額が事前に確定しておらず、会社の業績に連動して定

まるようなインセンティブ報酬の場合には、その算定方法を株主総会で決議する[会社法361条1項2号]。

❸株式関連報酬

　金銭ではなく、会社の新株予約権（ストックオプション）や株式自体を報酬として取締役に与えることもできる。ストックオプションの場合は、権利行使価額・期間、取締役への割当条件について、株式譲渡の場合は、その株式数の上限、株式の譲渡条件等について株主総会で決議すべきとされ、その内容は細かく規定されている[会社法361条1項4号・5号、会社法施行規則98条の3・4]。

❹非金銭報酬

　社会的相場より割安な賃料による社宅の提供のような株式関連報酬を除く金銭ではない報酬等は、その具体的な内容について決議する[会社法361条1項6号]。

　なお、これらの報酬に関する議案を株主総会に提出した取締役は、当該事項を相当とする理由を株主総会において説明しなければならない[会社法361条4項]。また、監査等委員会が選定する監査等委員は、株主総会において、監査等委員である取締役以外の取締役の報酬等について、監査等委員会の意見を述べることができる[会社法361条6項]。

3◆報酬等決定方針

　監査役会設置会社であり有価証券報告書の提出義務を負う公開・大会社および監査等委員会設置会社は、取締役の個人別の報酬等の内容の決定について、報酬等決定方針を取締役会で定めなければならない[会社法361条7項、会社法施行規則98条の5第6号]。ただし、取締役の個人別の報酬等の決定を、定款または株主総会で行う場合はこの限りではない[同条項ただし書き]（監査等委員会設置会社の監査等委員である取締役の個人別報酬等の決定は除く）。

4◆取締役の任期中の報酬の不支給、減額の可否

　定款または株主総会の決議によって取締役の報酬額が具体的に定められた場合に、取締役の任期中にその報酬を不支給としたり、減額することは可能であろうか。

　この点、定款または株主総会の決議によって取締役の報酬額が具体的に定

められた場合には、その報酬額は、会社と取締役間の契約内容となり、契約当事者である会社と取締役の双方を拘束するため、その後、株主総会が当該取締役の報酬につきこれを無報酬とする旨の決議をしたとしても、当該取締役は、これに同意しない限り、報酬請求権を失わないとされている[最判平4.12.18判例タイムズ818号94頁]。

報酬の減額の場合にも、原則としては無報酬の場合と同様に考えられ、当該取締役の同意のない限り減額は認められない。もっとも、取締役の報酬が個人ごとではなく役職ごとに定められており、任期中に役職の変更が生じた取締役に対して、当然に変更後の役職について定められた報酬額が支払われているような場合には、こうした当該報酬の定め方および慣行を了知したうえで取締役に就任した者は、明示の意思表示がなくても、任期中の役職の変更にともなう報酬の減額に黙示に応諾したとする裁判例もあることから[東京地判平2.4.20判例時報1350号138頁]、役職ごとに報酬額が決まっている場合には、役職変更の結果として報酬を減額することは可能と思われる。

2◆取締役の退職慰労金

1◆退職慰労金支給の手続き

取締役の退職慰労金についても、在職中の職務執行の対価として支給される「報酬」の一種とされる。そのため、在職中の報酬と同様、定款または株主総会の決議によって、その報酬を定めることとなる[会社法361条1項]。

もっとも、退職慰労金の金額や算定方法については、定款または株主総会の決議により無条件に取締役会の決定に一任することは許されないが、通常の報酬とは異なり、総額を明示せず、具体的金額、支給期日、支給方法を取締役会等に一任する旨の決議をするのが通例である。この点に関しては、裁判例でも、支給基準を株主が推知しうる状況において、当該基準に従い具体的金額、支給期日、支給方法を決定すべきことを取締役会に一任する趣旨の株主総会決議であれば有効としている[最判昭39.12.11判例時報401号61頁、最判昭48.11.26判例時報722号94頁、最判昭58.2.22判例時報1076号140頁][＊2]。

2◆退職慰労金の不支給、減額の可否

　前述のとおり、退職慰労金について定款や株主総会では、支給基準に基づく決定を取締役会に一任することが通例である。このようなケースにおいて、取締役会が、支給基準に反して退職慰労金を不支給としたり、減額することは可能であるか。

　裁判例は、支給基準に反して退職慰労金を減額した取締役に不法行為責任が成立し、支給基準による金額と取締役会決議による金額の差額について会社が損害賠償責任を負うとしたもの[東京地判平10.2.10判例タイムズ1008号242頁]、支給基準に反して支給を拒絶した取締役に不法行為責任を成立させ、会社に損害賠償責任を負わせたもの[福岡地判平10.5.18判例時報1659号101頁]、支給基準に反した取締役会の決議を無効としたもの[東京高判平9.12.4判例時報1657号141頁]等があり、いずれも取締役会が支給基準に反して退職慰労金を不支給としたり、減額することができないことを判示している。

　では、不正行為を行った取締役に退職慰労金を不支給または減額とすることはできるであろうか。

　この場合であっても、取締役会は支給基準に従って判断することになる。すなわち、退職慰労金規程等の支給基準に、取締役が不正行為を行った場合の退職慰労金の不支給または減額の定めがあれば、それに従って、当該取締役の退職慰労金の不支給または減額をすることが可能であり、一方で、不正行為を行った場合の退職慰労金の不支給または減額の定めがなければ、取締役会の決議で当該取締役の退職慰労金の不支給や減額はできないことになる。もっとも、このように不支給や減額ができない場合であっても、当該取締役の不正行為によって会社が損害を被ったときには、会社は当該取締役に対して損害賠償請求権を取得するため[会社法423条1項]、この損害賠償請求権を自働債権として、退職慰労金と損害額を相殺することで、事実上、減額した場合と同様の効果を得ることは可能である。

2＊株主総会において額を定めることももちろん可能である[会社法361条1項1号]。

60 | 会社法上の刑罰規定

1◆取締役に対する刑事罰

　取締役には会社の経営判断が委ねられているため、ひとたび取締役によって違法行為がなされてしまうと、会社自身に多大なる影響を与えるとともに、その会社の株主、債権者等の多数の利害関係人や、取引先等にも多大な影響を及ぼすことになる。

　そこで、取締役に対しては、その責任の重要性に鑑み、民事上の損害賠償責任のみならず、より悪質・重大な違法行為は刑事罰をもって防止することが必要となり、具体的には、会社法960条以下に刑罰規定がある。

2◆会社法上の刑罰規定の具体的内容

1◆特別背任罪 [会社法960条1項3号]

　取締役は、自己もしくは第三者の利益をはかり、または会社に損害を加える目的でその任務に背く行為をし、当該会社に財産上の損害を加えたときは、10年以下の懲役（筆者注：法改正により2025〔令和7〕年6月16日までに「拘禁刑」に改められる。以下同様）もしくは1000万円以下の罰金に処せられ、または併科される。なお、この罪は、未遂の場合にも罰せられる [会社法962条]。当該規定は、たとえば粉飾決算や銀行の不正融資等の場合に適用がある。

2◆会社財産を危うくする罪 [会社法963条]

　取締役が以下の行為をしたときは、5年以下の懲役もしくは500万円以下の罰金に処せられ、または併科される。

　◆発起人の出資に係る金銭の払込みまたは金銭以外の財産の給付 [会社法34条1

項]、設立時募集株式の払込み金額の払込み[会社法63条1項]について、または変態設立事項[会社法28条各号][＊1]について、裁判所または創立総会もしくは種類創立総会に対し、虚偽の申述を行い、または事実を隠蔽したとき

◆募集株式発行の際に定める金銭以外の財産を出資の目的とする場合のその旨、ならびに当該財産の内容および価額[会社法199条1項3号]、または新株予約権[会社法2条21号]発行の際に定める金銭以外の財産を当該新株予約権の行使に際してする出資の目的とする場合のその旨、ならびに当該財産の内容および価額[会社法236条1項3号]について、裁判所または株主総会もしくは種類株主総会[会社法2条14号]に対し虚偽の申述を行い、または事実を隠蔽したとき

◆何人の名義をもってするかを問わず、会社の計算において不正にその株式を取得したとき

◆法令または定款の規定に違反して、剰余金の配当をしたとき

◆会社の目的の範囲外において、投機取引のために会社の財産を処分したとき

3◆虚偽文書行使等の罪[会社法964条1項1号]

取締役が株式、新株予約権、社債[会社法2条23号]または新株予約権付社債[会社法2条22号]を引き受ける者の募集をするにあたり、重要な事項について虚偽の記載のある会社の事業その他の事項に関する説明を記載した資料もしくは当該募集の広告その他の当該募集に関する文書または電磁的記録を行使したときは、5年以下の懲役もしくは500万円以下の罰金に処せられ、または併科される。

当該規定は、一般の投資家が会社に投資する際に、文書の内容に虚偽記載があることにより、的確な判断を妨げられることを防止するために規定され

1＊変態設立事項は、会社法28条に定められた事項を指し、当該事項については、定款で定め[会社法28条]、裁判所から選任される検査役の調査を受ける必要がある[会社法33条]。なお、変態設立事項として定められた事項は、①現物出資者の氏名または名称、出資財産およびその価額ならびに現物出資者に割り当てる設立時発行株式の数[会社法28条1号]、②株式会社成立後に譲り受けることを約した財産およびその価額ならびにその譲渡人の氏名または名称[同条2号]、③株式会社の成立により発起人が受ける報酬その他の特別の利益および発起人の氏名または名称[同条3号]、④株式会社の負担する設立に関する費用[同条4号]である。

たものである。

4◆預合いの罪 [会社法965条]

取締役が株式の発行に係る払込みを仮装するため預合い[＊2]を行ったときは、5年以下の懲役もしくは500万円以下の罰金に処せられ、または併科される。当該規定は、資本充実の原則の要請を満たすために規定されたものである。

5◆株式の超過発行の罪 [会社法966条3号]

取締役等が、会社が発行することができる株式の総数を超えて株式を発行したときは、5年以下の懲役または500万円以下の罰金に処せられる。

6◆収賄罪 [会社法967条1項1号]

取締役がその職務に関し、不正の請託を受けて財産上の利益を収受し、またはその要求もしくは約束をしたときは、5年以下の懲役または500万円以下の罰金に処せられる。

この点、「不正の請託」とは、取締役の職務に関して、不正な行為を行うよう依頼すること、または本来取締役として行うべき行為を行わないように依頼することを指し、具体的には、法令（たとえば取締役の善管注意義務・忠実義務）や定款、株主総会決議に違反するような行為を取締役等に依頼した場合に該当することになる。

また、「財産上の利益」とは、現金などが一般的だが、その他物の提供、債務免除、融資、債務保証なども「財産上の利益」に含まれる。ただし、中元や歳暮などの社交上の儀礼にとどまる利益であれば、「財産上の利益」には含まれないとされている。

なお、収受された利益は没収される [会社法969条]。

7◆株主等の権利の行使に関する贈賄罪 [会社法968条2項]

取締役が、株主総会等における発言または議決権の行使、株主による株主

2＊預合いとは、発起人または取締役等が、払込取扱金融機関の役職員らと通謀して出資金の払込みを仮装する行為をいう [最決昭35.6.21刑集14巻8号981頁、最判昭36.3.28金融・商事判例529号177頁、最判昭42.12.14刑集21巻10号1369頁]。

総会決議取消しの訴え等の株主権の行使に関し、不正の請託をして財産上の利益を供与し、またはその申込みもしくは約束をしたときは、5年以下の懲役または500万円以下の罰金に処せられる。

この規定は、総会屋対策の一環として設けられた規定である。

8◆株主の権利の行使に関する利益供与の罪[会社法970条1項]

取締役が株主の権利の行使に関し、会社またはその子会社[会社法2条3号]の計算において財産上の利益を供与したときは、3年以下の懲役または300万円以下の罰金に処せられる。この規定もまた、前述7〔株式等の権利の行使に関する贈賄罪〕同様、総会屋対策の一環として設けられた規定であり、会社から総会屋に対して利益供与を行うことを防止するために定められたものである。

この点、前述7〔株式等の権利の行使に関する贈賄罪〕の会社法968条2項との主な違いは、①「不正の請託」の要件がないこと、②会社法970条では「株主の権利の行使」と概括的な規定としていること、③会社またはその子会社の計算において財産上の利益を供与することがあげられる。

61 粉飾決算による違法配当の刑事責任

1◆剰余金の配当

　株主に対する利益分配の方法として、剰余金[*1]の配当が広く行われているが、その剰余金の配当は、当該配当により株主に交付される金銭等の帳簿価額の総額が分配可能額を超えてはならないとされている[会社法461条1項8号]。分配可能な剰余金が存在しないにもかかわらず、分配可能額を超える剰余金の支払いをした場合には、「たこ足配当」と呼ばれ、違法配当となる。そして違法配当は、粉飾決算のときにしばしば見受けられる。

2◆粉飾決算と違法配当

　会社の経営状態が悪化し赤字決算に陥ると株価が下落し、金融機関からの資金借入れ、取引先との信頼関係等に影響を与え、会社経営が困難となる。そのため会社は、株価、金融機関からの資金借入れ、取引先との円滑な関係を維持すべく、決算上、実際よりも利益を水増ししたり、経費を減額して計上する等不正な会計処理、いわゆる粉飾決算を行うことがある。さらには、粉飾決算により計上された架空利益を株主に違法配当することもある。

　しかしながら、このような粉飾決算とそれに基づく違法配当は会社自身の財産を減少させ、倒産にもつながりかねない最悪の事態を招くことにもなる。その結果、株主や債権者、取引先等にも多大な影響と損害を与えかねないことから、会社法は、会社に分配可能な剰余金がないにもかかわらず、粉飾決算によって違法配当を行った場合の規定を設けている。

　まず、違法配当を行った場合には、配当に関与した取締役は、会社に対し

1＊剰余金とは、貸借対照表上の純資産額から資本金と準備金の額を差し引いた額である。

て、分配可能額に違反して配当された財産に相当する金銭を支払う義務を負う[会社法462条1項][＊2]。また、違法配当により債権者が損害を受けた場合には、取締役は損害賠償責任を負うことがある[会社法429条1項]。

3◆取締役の刑事責任

このような民事上の責任規定に加え、刑事上の責任も課される。

1◆会社財産を危うくする罪[会社法963条5項2号]

取締役が、法令または定款の規定に違反して剰余金の配当をした場合（違法配当）には、会社財産を危うくする罪として、会社法963条5項2号の刑罰規定に該当することになり、5年以下の懲役（筆者注：法改正により2025〔令和7〕年6月16日までに「拘禁刑」に改められる。以下同様）もしくは500万円以下の罰金に処せられ、または併科されることになる。

2◆特別背任罪[会社法960条1項3号]

違法配当がなされた場合には、特別背任罪[会社法960条1項3号]の成立を検討しなければならないこともある。特別背任罪が成立するためは、取締役が「自己若しくは第三者の利益を図り又は株式会社に損害を加える目的」、すなわち図利加害目的をもって違法配当がなされる必要がある。この点、たとえば業績悪化による会社の信用低下を防止したり、金融機関からの資金借入れ、取引先との円滑な関係を維持すべく、違法配当が行われたような場合には、図利加害目的があったとは判断しにくい状況なので、特別背任罪ではなく、会社財産を危うくする罪[会社法963条5項2号]が成立する。ただし、違法配当が取締役の地位保全等のために行われているような場合は、図利加害目的があったと判断される可能性がある。

特別背任罪が成立した場合には、10年以下の懲役もしくは1000万円以下の罰金に処せられ、またはこれを併科される。なお、特別背任罪が成立するときは違法配当[会社法963条5項2号]の適用はない。

2＊義務を免れるには、取締役はその職務を行うについて注意を怠らなかったことを証明することが必要である[会社法462条2項]。

岡芹健夫（おかぜり・たけお）
1965年生まれ。早稲田大学法学部卒業。94年第一東京弁護士会登録、髙井伸夫法律事務所入所。2010年髙井・岡芹法律事務所に改称、同事務所所長に就任。2023年弁護士法人髙井・岡芹法律事務所に組織変更、同事務所代表社員弁護士に就任。経営法曹会議幹事、第一東京弁護士会常議員（2期）、第一東京弁護士会労働法制委員会委員、2019～2021年筑波大学法科大学院非常勤講師（労働法演習）。
著書『労働法実務 使用者側の実践知〔第2版〕』『「55歳以上」の雇用・法務がわかる本』『労働条件の不利益変更』『雇用と解雇の法律実務』『職場のメンタルヘルス対策の実務必携Q&A』、共著『現場の悩みを解決！ 退職をめぐるトラブル対応の実務』ほか。

とりしまりやく　きょう か しょ
取締役の教科書 第2版
これだけは知っておきたい法律知識

著者◆
岡芹健夫

発行◆2013年6月20日　第1版第1刷
　　　2023年5月20日　第2版第1刷

発行者◆
大下　正

発行所◆
経団連出版
〒100-8187 東京都千代田区大手町1-3-2
経団連事業サービス
電話◆[編集]03-6741-0045 [販売]03-6741-0043

印刷所◆富士リプロ